# Brigitte-Diät/2

# Brigitte Diät/2

Die Idealdiät

Die grüne Diät

Die Aufbaudiät

## Von Helga Köster

Ein Brigitte-Buch
im Mosaik Verlag

Helga Köster, 1939 in Berlin geboren,
studierte Werbung in New York und Köln.
Von 1965 bis 1984 war sie Redakteurin bei
Brigitte und verantwortlich für die Brigitte-Diät.
Heute ist sie freie Journalistin in Hamburg.
Dieses ist ihr viertes Diätbuch, ihr erstes
erschien 1972 und wurde zum Bestseller – mit
1,5 Millionen Auflage. Zwei ihrer Bücher
wurden mit der Silbermedaille der
Gastronomischen Akademie e.V. ausgezeichnet.
1985 erhielt sie den Franz-Anton-Mai-Preis für
ihre Arbeit auf dem Gebiet der gesunden Ernährung.

---

Alle Fotos: Ortwin Möller
Fotostyling: Marlies Klosterfelde

Herausgeber: Peter Brasch
Lektorat: Marita Heinz

Gestaltung: Dietmar Meyer, Ekkart Blunck, Rainer Sennewald
Satz: Alster-Lichtsatz GmbH, Hamburg
Produktion: Jürgen Schmidt, G+J-Druckzentrale
Druck: Mainpresse Richterdruck, Würzburg
Copyright 1986: Mosaik Verlag GmbH, München
Gruner+Jahr AG & Co, Hamburg
Printed in Germany · ISBN 3-570-01916-0

# Inhalt

# Vorwort

Dieses Buch ist ein Wegweiser für alle, die mit ihren Pfunden auf Kriegsfuß stehen, die gern mit ihrem Übergewicht Schluß machen und sich in Zukunft vernünftig ernähren wollen. Mit drei verschiedenen Diätprogrammen können Sie Ihr Ziel erreichen – mit der Idealdiät, der grünen Diät oder der Aufbaudiät. In jedem Programm bekommen Sie über mehrere Wochen für jeden Tag einen ganz genauen, kalorienarmen Speiseplan. Jedes Wochenprogramm fängt am Sonntag an und endet am Samstag. Zur Idealdiät und zur grünen Diät gibt es eine genaue Einkaufsliste für die frischen Zutaten, die Sie für Ihre jeweilige Diätwoche benötigen. Diese Liste können Sie kopieren und in die Tasche stecken, und wenn Sie gerade Zeit zum Einkaufen haben, können Sie auf einen Blick feststellen, was Sie für die nächsten Diättage noch mitnehmen sollten. Die Lebensmittel, die sonst noch vorrätig sein müssen, finden Sie mit den entsprechenden Erläuterungen in einer Extraliste. Sie können also ganz gezielt einkaufen, es bleiben keine Reste übrig. Sie sparen viel Zeit und Geld.

Ein paar grundsätzliche Informationen:
- Alle Rezepte sind für eine Person berechnet.
- Wenn mehrere Personen Diät halten möchten, dann brauchen Sie die angegebenen Mengen nur mit der Anzahl der Esser zu multiplizieren.
- Die Zubereitung ist einfach und sehr genau beschrieben, damit es beim Kochen keine Probleme gibt.
- Kleine Tips am Ende der Rezepte sagen Ihnen, wo Sie Arbeitsgänge zusammenfassen können.
- Wichtig! Oft können Sie Kartoffeln, Reis oder Nudeln schon für die nächsten Tage vorkochen. Dabei müssen Sie nur eins beachten: Alles, was Sie ein paar Tage aufheben wollen, muß gleich nach

## Brot

In allen Diäten
dürfen Sie die Brotsorten
wie folgt austauschen:

1 Scheibe Vollkornbrot
=
1 Weizenvollkornbrötchen
=
1 Roggenvollkornbrötchen
+
1 Scheibe Flachknäcke
=
3 Scheiben Knäckebrot
=
5 Scheiben Flachknäcke
=
2 Scheiben Knäckebrot
+
2 Scheiben Flachknäcke
=
5 Taler Pumpernickel

dem Kochen schnell abkühlen und sofort zugedeckt in den Kühlschrank gestellt werden. Wenn Sie diese Lebensmittel dann wieder verwenden, müssen sie durch und durch erhitzt, also nicht nur auf Eßtemperatur gebracht werden.

● Die angegebenen Mengen beziehen sich auf den eßbaren Anteil der Lebensmittel – beim Einkaufen darf's also ein bißchen mehr sein, denn Sie müssen etwas Abfall einkalkulieren.

● Wichtig für Ihre Gesundheit ist, daß Sie während der Diät viel trinken – möglichst drei Liter Flüssigkeit am Tag (Kaffee, Tee und Wasser).

● Ihr Gewicht sollten Sie jede Woche in eine Tabelle eintragen. Die Kurve, die sich ergibt, wird Sie anspornen, so lange bei der Diät zu bleiben, bis Sie Ihr Wunschgewicht erreicht haben.

● Leisten Sie sich zum Diätstart eine neue Bratpfanne: sie sollte beschichtet sein, möglichst einen Deckel haben und einen Durchmesser von etwa 22 Zentimetern. Sie muß nicht teuer sein, aber eine tadellose Beschichtung haben, sonst ärgern Sie sich ständig über hängenbleibende Bratkartoffeln und Spiegeleier.

Bei diesen Diätprogrammen werden wissenschaftliche Erkenntnisse auf dem Sektor der Ernährung auf einfache Art in die Praxis umgesetzt. Maßstab für die Zusammensetzung der Brigitte-Diät sind die Empfehlungen der Deutschen Gesellschaft für Ernährung. Erst 1985 wurden diese Richtlinien neu definiert und in verschiedenen Punkten grundlegend geändert. Diese Änderungen konnten in diesem Buch bereits berücksichtigt werden. Hier stehen Ihnen also Diätprogramme zur Verfügung, die nach dem allerneusten Erkenntnisstand zusammengestellt wurden. Die Kalorienmengen sind so klein, daß Sie gut abnehmen. Die Portionen sind so groß, daß Sie keinen Hunger haben. Und es stecken alle Nährstoffe, Vitamine und Mineralien darin, die Sie brauchen, um gesund zu bleiben.

Da eine Diät immer ein Eingriff in den Organismus ist, sollten Sie sich vorher von einem Arzt untersuchen lassen und ihn fragen, ob er bei Ihrem derzeitigen Gesundheitszustand etwas gegen diese Diät einzuwenden hat. Es könnte sein, daß Sie eine Krankheit haben, die bisher noch gar nicht bemerkt worden ist. Die Diät kann sich unter Umständen negativ auf deren Verlauf auswirken. Kinder und Jugendliche, die noch nicht in der Pubertät sind, dürfen diese Diät nur unter Kontrolle eines Arztes machen.

Schwangere dürfen erst nach der Stillzeit wieder an die Diät denken.

Hier noch ein wichtiger Hinweis: Dieses Buch ist nicht für die jungen Mädchen, Frauen und Männer gemacht, die unter massiven Eßstörungen, wie zum Beispiel Magersucht (Anorexia nervosa) oder zwanghaftem Erbrechen (Bulimia nervosa), leiden. Bei diesen Krankheitsbildern darf man nicht auf eigene Faust mit Diäten operieren – hier muß auf jeden Fall ein Arzt eingeschaltet werden. Nur er kann entscheiden, ob diese Brigitte-Diät-programme Bestandteil einer Therapie sein können. Denn nach dem aktuellen Stand der medizinischen Erkenntnisse kann jede Diät gerade bei jungen Mädchen möglicherweise Eßstörungen hervorrufen.

**Tauschen von Zutaten**

## Obst

In allen Diäten dürfen Sie die Obstsorten nach Lust und Laune und entsprechend der Saison austauschen. Die angegebenen Mengen entsprechen etwa 100 Kalorien:

1 großer Apfel
–
200 Gramm Ananas
–
200 Gramm Aprikosen
–
1 kleine Banane
–
1 mittelgroße Birne
–
200 Gramm Brombeeren
–
250 Gramm Erdbeeren
–
2 frische Feigen
–
1/2 große Grapefruit
–
150 Gramm Heidelbeeren
–
250 Gramm Himbeeren
–
1/2 kleine Honigmelone
–
250 Gramm
rote Johannisbeeren
–
150 Gramm
schwarze Johannisbeeren
–
150 Gramm Kirschen
–
2 mittelgroße Kiwis
–
4 kleine Mandarinen
–
150 Gramm Mirabellen
–
1 mittelgroße Orange
–
2 mittelgroße Pfirsiche
–
150 Gramm Pflaumen
–
4 Eßlöffel Sauerkirschen
–
250 Gramm Stachelbeeren
–
400 Gramm Wassermelone

Das sind Zutaten, die Sie für die Idealdiät benötigen. Sie bekommen sie überall – im Tante-Emma-Laden und auch im Supermarkt.

# Alles über

Dieses Programm läuft über acht Wochen. Sonntags gibt es ein besonderes Mittagsmenü, ein bißchen festlicher, ein bißchen aufwendiger, auch ein bißchen teurer. Hin und wieder wurde ein vegetarischer Tag eingeschoben, also ohne Fleisch, ohne Fisch und ohne Geflügel. Der Samstag ist der ausländischen Küche vorbehalten: Da gibt es jeweils ein internationales Gericht. An den Werktagen stehen abends belegte Brote auf dem Programm. Berufstätige können sie als Sandwiches mit an den Arbeitsplatz nehmen und dafür abends die warme Mahlzeit genießen.

Den größten Erfolg werden Sie haben, wenn Sie sich genau an diese Wochenprogramme halten. Dann klappt alles wie am Schnürchen: die Organisation, die Vorbereitungen und die Einkaufsplanung. Wenn Ihnen ein Gericht einmal gar nicht zusagt, können Sie es gegen eine entsprechende Mahlzeit eines anderen Tages austauschen. Aber, wie gesagt, zur Regel sollte das nicht werden, ganz besonders dann nicht, wenn Sie Ihre Eßgewohnheiten erst einmal in den Griff kriegen und Erfolge sehen wollen. Wie Sie die verschiedenen Brot- und Obstsorten gegeneinander austauschen können, das schlagen Sie am besten beim Thema „Tauschen von Zutaten" auf Seite 8 und 9 nach.

Wenn Sie mit den Grundregeln der Diätküche noch gar nicht vertraut sind, sollten Sie sich möglichst genau an die Rezepte halten. Für alle Zutaten, bei denen das nötig ist, werden exakte Mengen angegeben; wo sie fehlen, können Sie sehr großzügig sein. Das ist zum Beispiel bei

# die Idealdiät

Kräutern der Fall. Sie können so viel frische Kräuter verwenden, wie Sie Lust und Laune haben: Kräuter haben ganz wenig Kalorien und viele Vitamine und Mineralstoffe.

Fortgeschrittene brauchen sich nicht so pingelig genau an unsere Rezepte zu halten. Sie finden für jeden Diättag eine Aufstellung aller Zutaten, die benötigt werden. Sie können sich also auch aus dieser Liste – unter Berücksichtigung der angegebenen Mengen – Ihren eigenen Speiseplan zusammenstellen.

Zum Schluß noch die Zusammensetzung der Idealdiät: Sie bekommen im Durchschnitt pro Tag 50 Gramm Eiweiß, pflanzliches und tierisches, 30 Gramm Fett, sichtbares und unsichtbares, und 115 Gramm hochwertige Kohlenhydrate mit einem hohen Anteil an Ballaststoffen.

# 1.Woche

Prima, daß Sie sich entschlossen haben, mit Ihren überflüssigen Pfunden Schluß zu machen. Steigen Sie heute erst einmal auf die Waage, und halten Sie Ihr Startgewicht in einer Gewichtskurve fest: Am linken Rand stehen die Kilo, am unteren Rand die Wochen. Im Schnittpunkt der jeweiligen Woche und Ihres gerade festgestellten Gewichtes machen Sie ein Kreuzchen. Sie werden sich wundern, wieviel Spaß Ihre Diät machen kann: Am Sonntag geht es gleich los mit einem Schweinefilet mit Champignons. Montags gibt es einen herzhaften Nudelauflauf. Am Donnerstag steht eine knusprige Hähnchenkeule mit knackigem Gemüse auf dem Programm, und am Samstag machen Sie einen kleinen Ausflug nach Fernost – mit einer kalorienarmen Version von Nasi Goreng.

# Einkauf – 1. Woche

| Bezeichnung | SO | MO | DI | MI | DO | FR | SA |
|---|---|---|---|---|---|---|---|
| Schweinefilet (Gramm) | 150 | | | | | | |
| Hähnchenbrustfilet (1 Stück = 90 Gramm) | | | | | | | 90 |
| Hähnchenkeule (1 Stück = 125 Gramm) | | | | | 125 | | |
| Schollenfilets (Gramm) | | | | | 125 | | |
| Corned beef (1 Scheibe = 20 Gramm)* | | | | | 20 | | |
| gek. Schinken (1 Scheibe = 20 Gramm)* | | | 20 | 40 | | | |
| Rindfleischsülze (1 Scheibe = 20 Gramm)* | | | | 20 | | | |
| Eier (Handelsklasse 4) | 1 | | | 3 | | | 1 |
| Vollkornbrot (1 Scheibe = 50 Gramm) | 25 | 50 | 100 | 75 | 50 | 50 | |
| Magermilchjoghurt (1 Becher = 150 Gramm) | | 150 | 150 | 150 | 150 | 150 | |
| Magerquark (1 Becher = 250 Gramm) | | | 100 | 150 | | 100 | 150 |
| Schnittkäse (45 %) (1 Scheibe = 20 Gramm) | | 60 | | | 20 | 20 | |
| Blattspinat (Gramm) | | | | | | 150 | |
| Champignons (Gramm) | 150 | | | | | | 50 |
| Feldsalat (Gramm) | 50 | 20 | 50 | | | | |
| Frühlingszwiebeln (1 Bund = 100 Gramm) | | | | | | | 100 |
| Gurke (1 mittelgr. = 500 Gramm) | | | 100 | 150 | 100 | 150 | |
| Kopfsalat (1 Kopf = 200 Gramm) | | | | 20 | 20 | 20 | 140 |
| Möhren (1 große = 125 Gramm) | | | | 250 | | | 125 |
| Paprikaschoten (1 mittelgr. = 150 Gramm) | | | | | 150 | | 150 |
| Radieschen (1 Bund = 100 Gramm) | 100 | | 100 | 100 | | 100 | |
| Tomaten (1 kleine = 50 Gramm) | 150 | | 50 | 100 | | 50 | 50 |
| Tomaten (1 kleine Dose = 250 Gramm) | | 250 | | | | | |
| Basilikum | | X | | | | | |
| Dill | | | | | | | X |
| Kresse | | | X | | | | |
| Petersilie | X | | X | X | X | X | X |
| Schnittlauch | X | | | X | | | |
| Apfel (1 großer = 150 Gramm) | | 150 | | | | | |
| Bananen (1 kleine = 100 Gramm) | 100 | | | | | 100 | 100 |
| Grapefruit (1 mittelgr. = 300 Gramm) | | | | | 150 | | 150 |
| Kiwis (1 mittelgr. = 100 Gramm) | 100 | 100 | | | 200 | | |
| Orange (1 mittelgr. = 200 Gramm) | | | 200 | | | | |

**\*TIP:** Kaufen Sie 100 Gramm Aufschnitt: eine Scheibe  Corned beef,
drei Scheiben gekochten Schinken und eine Scheibe
Rindfleischsülze.

# Sonntag

**FRÜHSTÜCK** **Ei und Butterbrot**
Eine halbe Scheibe Vollkornbrot mit einem Teelöffel Butter oder Margarine bestreichen. Ein Ei weich kochen, mit Salz und Pfeffer würzen. Dazu gibt es eine Tomate mit Schnittlauch.

**EXTRA** **Knäckebrot mit Bananenscheiben**
Eine Scheibe Flachknäcke mit zwei Teelöffel Crème fraîche bestreichen. Eine halbe Banane in Scheiben schneiden und auf das Brot legen.

ZUTATEN
150 g Schweine-
filet, 1 Ei,
2 Scheiben
Flachknäcke,
1/2 Scheibe
Vollkornbrot,
2 Teel. Crème
fraîche, 2 Teel.
Butter o. Marga-
rine, 1/2 Teel. Öl,
50 g Nudeln, 150 g
Champignons,
50 g Feldsalat,
1 Bund Radies-
chen, 3 kleine
Tomaten, 1 kleine
Zwiebel, Petersilie,
Schnittlauch,
1 kleine Banane,
1 mittelgroße Kiwi,
Zitronensaft, Essig,
Pfeffer, Salz,
Süßstoff

**MITTAG** **Schweinefilet mit Champignons**
50 Gramm Bandnudeln* in Salzwasser bißfest kochen. Währenddessen 100 Gramm Schweinefilet* in einem halben Teelöffel Öl scharf anbraten. An den Pfannenrand legen. Eine kleine, in Würfel geschnittene Zwiebel und 100 Gramm kleine Champignons zugeben, kurz anbraten, dann die Hitze reduzieren. Das Fleisch und die Champignons mit Salz und Pfeffer würzen. Die Champignons mit einigen Tropfen Zitronensaft beträufeln und mit gehackter Petersilie bestreuen. Das Schweinefilet in Scheiben schneiden und zusammen mit den Champignons und den Nudeln auf einem vorgewärmten Teller anrichten.

**EXTRA** **Obstsalat aus Banane und Kiwi**
Eine halbe Banane und eine Kiwi in Scheiben schneiden. Mit Zitronensaft und Süßstoff beträufeln.

---

**\*TIP:** 50 Gramm Nudeln für morgen vorkochen.
50 Gramm Schweinefilet für abends mitbraten.

---

**Schweinefilet mit Champignons**

**Feldsalat mit Filetscheiben**

50 Gramm geputzten Feldsalat auf einem Teller
hübsch verteilen. Zwei kleine Tomaten, ein Bund
Radieschen, 50 Gramm Champignons und 50
Gramm gebratenes Schweinefilet in dünne Scheiben schneiden und auf dem Feldsalat verteilen.
Essig und etwas Süßstoff darüberträufeln und mit
wenig Salz und frisch gemahlenem Pfeffer
bestreuen. Dazu gibt es eine Scheibe Flachknäcke
mit einem Teelöffel Butter oder Margarine.

# Montag

### FRÜHSTÜCK **Kiwiquark mit Corn-flakes**

100 Gramm Magerquark mit etwas Mineralwasser und zwei Teelöffel Honig verrühren. Eine Kiwi kleinschneiden und unterheben. Mit einem Eßlöffel Corn-flakes bestreuen.

### EXTRA **Joghurt mit Müsli**

Einen Becher Magermilchjoghurt mit einem Eßlöffel Müsli und einigen Tropfen Süßstoff verrühren.

### MITTAG **Nudelauflauf**

Eine kleine Zwiebel in Würfel schneiden und in einer beschichteten Pfanne goldbraun rösten. 250 Gramm geschälte Tomaten (eine kleine Dose) zerkleinern und zugeben. So lange einkochen, bis eine dickflüssige Soße entsteht. Mit vier Teelöffel Tomatenmark, einem halben Teelöffel Instant-Brühe, Oregano, Thymian und eventuell etwas Süßstoff abschmecken. 125 Gramm (am Sonntag) gekochte Nudeln in eine ofenfeste Form schichten. Die Tomatensoße darübergießen, mit zwei Scheiben Käse (45 % Fett) abdecken und 20 Minuten bei 180 Grad/Gas Stufe 3 überbacken. Mit frischem Basilikum bestreuen.

**ZUTATEN**
1 Eßl. Corn-flakes,
1 Eßl. Müsli,
1 Scheibe Vollkorn-
brot, 1 Becher
Magermilch-
joghurt,
100 g Magerquark,
3 Scheiben Schnitt-
käse (45 %), 1 Teel.
Salatcreme, 4 Teel.
Tomatenmark,
125 g gek. Nudeln,
1/2 Teel. Instant-
Brühe,
2 Teel. Honig,
einige Blätter Feld-
salat, 100 g Gurke,
1 kl. Dose Toma-
ten, 1 kl. Zwiebel,
Basilikum,
1 gr. Apfel,
1 mittelgr. Kiwi,
getr. Oregano, Salz,
Süßstoff,
getr. Thymian,
Mineralwasser

**Ein großer Apfel**

ABEND **Käsebrot**
Eine Scheibe Vollkornbrot mit einem Teelöffel
Salatcreme bestreichen. Einige Blättchen Feldsalat
und eine Scheibe Käse (45 % Fett) darauflegen.
100 Gramm Gurke schälen, in Scheiben schneiden, daneben legen und mit Salz würzen.

# Dienstag

FRÜHSTÜCK **Tomatenbrot mit Kresse**
Eine Scheibe Vollkornbrot mit zwei Eßlöffel Magerquark bestreichen. Eine Tomate in Scheiben
schneiden und auf dem Brot verteilen. Mit Salz
und Pfeffer würzen und mit Kresse bestreuen.

**Zutaten für Kartoffeln mit Quark und Salat**

**EXTRA Eine mittelgroße Orange**

**MITTAG Kartoffeln mit Quark und Salat**
Drei mittelgroße Kartoffeln* kochen. 100 Gramm
Magerquark mit etwas Mineralwasser, zwei Tee-
löffel Crème fraîche und wenig Salz glattrühren.
Drei Eßlöffel Kresse unterheben. Die Kartoffeln
pellen und neben dem Quark anrichten. Salat:
100 Gramm Gurke, 50 Gramm Feldsalat und ein
Bund Radieschen mit einer Soße aus einem Tee-
löffel Öl, etwas Essig, Salz, Pfeffer und einigen
Tropfen Süßstoff zubereiten.

**EXTRA Joghurt mit Müsli**
Einen Becher Magermilchjoghurt mit einem Eßlöffel Müsli und einigen Tropfen Süßstoff verrühren.

**ABEND Schinkenbrot**
Eine Scheibe Vollkornbrot mit zwei Teelöffel Salatcreme bestreichen. Eine Scheibe Schinken und
einige Gurkenscheiben darauflegen und mit Salz
und Pfeffer würzen. Gehackte Petersilie darüberstreuen.

ZUTATEN
1 Scheibe gek.
Schinken, 1 Eßl.
Müsli, 2 Scheiben
Vollkornbrot,
2 Teel. Crème
fraîche, 1 Becher
Magermilchjo-
ghurt, 150 g Mager-
quark, 1 Teel. Öl,
2 Teel. Salatcreme,
50 g Feldsalat,
150 g Gurke, 3 mit-
telgr. Kartoffeln,
1 Bund Radies-
chen, 1 kl. Tomate,
Kresse, Petersilie,
1 mittelgr. Orange,
Essig, Pfeffer, Salz,
Süßstoff, Mineral-
wasser

**\*TIP:** Kochen Sie heute zwei Kartoffeln für morgen mit.

21

# Mittwoch

ZUTATEN
2 Scheiben gek.
Schinken,
1 Scheibe Rind-
fleischsülze, 3 Eier,
1 Eßl. Müsli,
1 1/2 Scheiben
Vollkornbrot,
1 Becher Mager-
milchjoghurt,
1 Teel. Butter o.
Margarine, 2 Teel.
Salatcreme,
100 g Gurke,
2 gek. Kartoffeln,
einige Salatblätter,
2 gr. Möhren,
1 Bund Radies-
chen, 2 kleine
Tomaten,
1 kl. Zwiebel,
Petersilie, Schnitt-
lauch, Pfeffer, Salz,
Süßstoff, Mineral-
wasser

### FRÜHSTÜCK Ei mit Radieschenbrot

Ein Ei weich kochen. Eine halbe Scheibe Vollkornbrot mit einem Teelöffel Butter oder Margarine
bestreichen. Von einem Bund Radieschen einige in
Scheiben schneiden und auf dem Brot verteilen,
die restlichen Radieschen noch dazu essen. Ei und
Radieschen mit etwas Salz würzen.

### EXTRA Joghurt mit Müsli

Einen Becher Magermilchjoghurt mit einem
Eßlöffel Müsli und einigen Tropfen Süßstoff
verrühren.

### MITTAG Bauernomelett

Eine Zwiebel und zwei Scheiben gekochten
Schinken würfeln und in einer beschichteten
Pfanne kurz anbraten. Zwei (am Dienstag)
gekochte Kartoffeln in Scheiben schneiden,
zugeben und goldbraun rösten. Mit Salz und
Pfeffer würzen. Zwei Eier mit einem Schuß Mineralwasser, Salz und Pfeffer verquirlen und über die
Kartoffeln gießen. Die Eimasse stocken lassen und
dabei hin und wieder wenden. Das Bauernomelett
zusammen mit zwei Tomaten auf einem Teller
anrichten. Mit Schnittlauch bestreuen.

### EXTRA Zwei große Möhren

### ABEND Vollkornbrot mit Rindfleischsülze

Eine Scheibe Vollkornbrot mit zwei Teelöffel
Salatcreme bestreichen. Einige Salatblätter und
eine Scheibe Rindfleischsülze darauflegen.
100 Gramm Gurke schälen, in Scheiben schneiden
und mit Salz, Pfeffer und gehackter Petersilie
bestreuen.

# Donnerstag

**FRÜHSTÜCK** **Flachknäcke mit Käse**
Zwei Scheiben Flachknäcke mit zwei Teelöffel
Salatcreme bestreichen. Eine Scheibe Käse
(45 % Fett) halbieren und auf die beiden Brote
legen. 50 Gramm Gurke schälen, in Scheiben
schneiden und auf den Broten verteilen. Mit Pfeffer
würzen. Hinterher gibt es eine halbe Grapefruit,
eventuell mit einigen Tropfen Süßstoff, wenn Sie
es gern süß mögen.

**EXTRA** **Zwei mittelgroße Kiwis**

**Hähnchenkeule mit Paprikagemüse**

## MITTAG Hähnchenkeule mit Paprikagemüse

Zwei Eßlöffel Reis* in Salzwasser körnig kochen.
Währenddessen eine Hähnchenkeule mit Salz,
Edelsüß-Paprika und Cayennepfeffer bestreuen, die
Haut mehrmals mit einer Gabel einstechen und
20 Minuten in einer beschichteten Pfanne bei
schwacher Hitze rundherum goldbraun braten.
Das Fett, das sich eventuell in der Pfanne gesam-
melt hat, wegschütten. Eine Paprikaschote und
zwei Zwiebeln in Würfel schneiden und in einer
Tasse Salzwasser mit Essig, Süßstoff und Pfeffer
fünf Minuten kochen. Das Gemüsewasser bis auf
einen knappen Eßlöffel abgießen und mit einem
halben Teelöffel Instant-Brühe, zwei Teelöffel
Honig und drei Teelöffel Tomatenketchup verrühren. Das Gemüse kurz in dieser Soße schwenken.

## EXTRA Joghurt mit Müsli

Einen Becher Magermilchjoghurt mit einem
Eßlöffel Müsli und einigen Tropfen Süßstoff
verrühren.

## ABEND Vollkornbrot mit Corned beef

Eine Scheibe Vollkornbrot mit zwei Teelöffel
Salatcreme bestreichen. Einige Salatblätter und
eine Scheibe Corned beef darauflegen. 100
Gramm Gurke schälen, in Scheiben schneiden
und neben dem Brot anrichten. Mit Salz, Pfeffer
und Petersilie bestreuen.

**ZUTATEN**
1 Hähnchenkeule,
1 Scheibe Corned
beef, 2 Scheiben
Flachknäcke,
1 Eßl. Müsli,
1 Scheibe Vollkorn-
brot, 1 Becher
Magermilchjo-
ghurt, 1 Scheibe
Schnittkäse (45 %),
4 Teel. Salatcreme,
3 Teel. Tomaten-
ketchup,
2 Eßl. Reis,
1/2 Teel. Instant-
Brühe, 2 Teel.
Honig, 150 g
Gurke, einige Salat-
blätter, 1 mittelgr.
Paprikaschote,
2 kl. Zwiebeln,
Petersilie,
1/2 mittelgr.
Grapefruit,
2 mittelgr. Kiwis,
Cayennepfeffer,
Edelsüß-Paprika,
Essig, Pfeffer, Salz,
Süßstoff

---

**\*TIP:** Garen Sie für morgen und übermorgen vier Eßlöffel Reis
(60 Gramm) mehr mit.

# Freitag

ZUTATEN
125 g Schollen-
filets, 2 Scheiben
Flachknäcke, 1 Eßl.
Müsli, 1 Scheibe
Vollkornbrot,
2 Teel. Crème
fraîche, 1 Becher
Magermilchjo-
ghurt, 100 g Mager-
quark, 1 Scheibe
Schnittkäse (45 %),
2 Teel. Butter o.
Margarine, 2 Teel.
Salatcreme, 4 Teel.
Senf, 4 Eßl. gek.
Reis, 150 g Blatt-
spinat, einige Salat-
blätter, 1 Bund
Radieschen, 1 kl.
Tomate, 1 kl. Zwie-
bel, Petersilie, 1 kl.
Banane, Zitronen-
saft, Edelsüß-
Paprika, Pfeffer,
Salz, Süßstoff,
Mineralwasser

**FRÜHSTÜCK Radieschenquark**

100 Gramm Magerquark mit etwas Mineralwasser, Salz und zwei Teelöffel Crème fraîche verrühren. Ein Bund Radieschen in Scheiben schneiden und unterheben. Dazu gibt es zwei Scheiben Flachknäcke mit zwei Teelöffel Salatcreme und Petersilie.

**EXTRA Joghurt mit Müsli**

Einen Becher Magermilchjoghurt mit einem Eßlöffel Müsli und einigen Tropfen Süßstoff verrühren.

**MITTAG Gefüllte Schollenfilets**

125 Gramm Schollenfilets mit Zitronensaft beträufeln. Auf einer Seite mit Salz und Pfeffer bestreuen. Mit zwei Teelöffel Senf bestreichen. Eine Zwiebel und eine Tomate in feine Würfel schneiden und auf den Filets verteilen. Mit Petersilie bestreuen und jedes Filet zusammenklappen. 150 Gramm geputzten Spinat nach dem Waschen gut abtropfen lassen und in einen Topf füllen. Die Schollenfilets darauf und vier Eßlöffel (am Donnerstag) gekochten Reis an den Rand legen. Den Topf schließen und den Spinat mit den Fischfilets acht Minuten bei schwacher Hitze dünsten. Ohne Deckel noch fünf Minuten weiterköcheln lassen, bis der Spinatsaft verkocht ist. Zwei Teelöffel Butterflöckchen darüberstreuen und auf einem Teller anrichten.

**EXTRA Eine kleine Banane**

**ABEND Scharfes Käsebrot**

Eine Scheibe Vollkornbrot mit zwei Teelöffel Senf bestreichen und mit einigen Salatblättern und einer Scheibe Käse (45 % Fett) belegen. Mit Edelsüß-Paprika würzen.

# Samstag

**FRÜHSTÜCK** **Spiegelei auf Tomatenscheiben**
Einen Teelöffel Butter oder Margarine in einer
beschichteten Pfanne erhitzen. Eine Tomate in
Scheiben schneiden und in dem heißen Fett
schmoren. Ein Ei auf den Tomatenscheiben als
Spiegelei braten. Mit Salz und Petersilie bestreuen.
Dazu gibt es eine Scheibe Knäckebrot mit zwei
Teelöffel Salatcreme.

**EXTRA** **Honigbrote**
Zwei Scheiben Flachknäcke mit zwei Eßlöffel
Magerquark bestreichen und mit einem Teelöffel
Honig beträufeln.

**MITTAG** **Nasi Goreng**
Ein Hähnchenbrustfilet in dünne Scheiben schnei-
den. Einen Teelöffel Öl in einer beschichteten
Pfanne erhitzen und die Fleischscheiben zusam-
men mit einer Banane braten. Vier Eßlöffel (am
Donnerstag) gekochten Reis zugeben, mit Curry,
Salz und Sojasoße würzen. Gut umrühren und fünf
Minuten bei schwacher Hitze erwärmen. Ein Bund
Frühlingszwiebeln in feine Ringe schneiden, unter-
heben und kurz mitbraten.

**EXTRA** **Grapefruit mit Haselnüssen**
Eine halbe Grapefruit schälen und in Scheiben
schneiden, mit etwas Süßstoff beträufeln. Mit
einem Teelöffel gehackten Haselnüssen bestreuen.

**Nasi Goreng**

## ⸢ABEND⸣ Frisches Gemüse mit Dillcreme

Eine Paprikaschote in Streifen, 50 Gramm
Champignons in Scheiben und eine Möhre in
Stifte schneiden. Das Gemüse zusammen mit dem
Rest vom Kopfsalat (eine Portion und ein Salat-
herz) auf einem Teller anrichten. Mit Salz und Pfef-
fer würzen. 100 Gramm Magerquark mit etwas
Mineralwasser, einem halben Teelöffel Instant-
Brühe, einem Teelöffel Salatcreme, einem Teelöffel
Tomatenketchup und viel gehacktem Dill verrüh-
ren. Die Dillcreme über das Gemüse gießen.

# 2.Woche

In dieser Woche begegnen Ihnen eine Reihe von bekannten Gerichten, zum Beispiel Würstchen mit Kartoffelsalat, Roastbeef mit Bratkartoffeln und Tomatensuppe mit Reis. Auch mit diesen Gerichten können Sie nämlich abnehmen, wenn Sie sich strikt an diese kalorienarmen Rezepte halten. Freuen Sie sich auf Samstag: Da gibt es eine ordentliche Portion Spaghetti mit einer köstlichen Sahnesoße. Die ersten Kilo sind sicherlich schon auf der Strecke geblieben, in den ersten zwei Wochen können es bis zu zehn sein. Das ist allerdings auf den hohen Wasserverlust zurückzuführen. Vergessen Sie nicht, Ihre Gewichtskurve zu führen. Deren fallende Tendenz wird Sie in den nächsten Wochen vermutlich stark motivieren.

# Einkauf – 2. Woche

| Bezeichnung | SO · | MO · | DI · | MI · | DO · | FR · | SA |
|---|---|---|---|---|---|---|---|
| Kalbsleber (Gramm) | | | | 100 | 50 | | |
| Rinderfilet (Gramm) | 150 | | | | | | |
| Wiener Würstchen (1 kleines = 50 Gramm) | | 50 | | | | | 50 |
| Kabeljaufilet (Gramm) | | | | | | 200 | |
| Krabben (1 kleine Dose = 100 Gramm) | 50 | 50 | | | | | |
| Mortadella (1 Scheibe = 20 Gramm)* | | | 20 | | | | |
| Roastbeef (1 Scheibe = 20 Gramm)* | | | 80 | | | | |
| Eier (Handelsklasse 4) | 2 | | | 1 | | 1 | 1 |
| Vollkornbrot (1 Scheibe = 50 Gramm) | 50 | 50 | 50 | 50 | 150 | 50 | |
| Dickmilch (1,5 %) (1 Becher = 500 Gramm) | | | | | | 300 | 200 |
| Magermilchjoghurt (1 Becher = 150 Gramm) | | 150 | 150 | | 150 | 150 | |
| Magerquark (1 Becher = 250 Gramm) | | 100 | 50 | 50 | 50 | | |
| Schmelzkäse (20 %) (1 Ecke = 62,5 Gramm) | | | 30 | 30 | | | |
| Champignons (Gramm) | | | | | | 50 | 100 |
| Feldsalat (Gramm) | | | | | | | 50 |
| Grüne Bohnen (Gramm) | 150 | | | | | | |
| Gurke (1 mittelgr. = 500 Gramm) | | | 150 | 300 | 50 | | |
| Kopfsalat (1 Kopf = 200 Gramm)** | 20 | 20 | 40 | | 20 | 20 | 80 |
| Möhren (1 große = 125 Gramm) | | | 250 | | | | |
| Paprikaschoten (1 mittelgr. = 150 Gramm) | | | | | 300 | | |
| Radieschen (1 Bund = 100 Gramm) | | | | 100 | | | |
| Tomaten (1 kleine = 50 Gramm) | | | | | | 100 | 50 |
| Tomaten (1 kleine Dose = 250 Gramm) | | | | | 250 | | |
| Basilikum | | | | | X | | |
| Bohnenkraut | X | | | | | | |
| Dill | X | X | X | | | | |
| Petersilie | X | | | X | X | X | |
| Schnittlauch | | X | X | X | X | X | X |
| Apfel (1 großer = 150 Gramm) | | | | | | 150 | |
| Bananen (1 kleine = 100 Gramm) | | | 100 | 100 | | | |
| Kiwi (1 mittelgr. = 100 Gramm) | | | | | | | 100 |
| Orangen (1 mittelgr. = 200 Gramm) | 100 | 100 | | 200 | | | |

**Tip:*** Kaufen Sie 100 Gramm Aufschnitt: eine Scheibe Mortadella und vier Scheiben Roastbeef.

** Kopfsalat bleibt frisch, wenn man ihn gewaschen in einer Plastiktüte im Gemüsefach aufhebt. Wenn Ihrer welk geworden ist, kaufen Sie einen frischen Kopf.

# Sonntag

ZUTATEN
150 g Rinderfilet,
50 g Krabben
(Dose), 2 Eier,
2 Scheiben Flach-
knäcke,
1 Scheibe Voll-
kornbrot, 7 Teel.
Crème fraîche,
2 Teel. Butter o.
Margarine,
1/2 Teel. Öl,
1/2 Teel. Instant-
Brühe, 1 Teel.
Haselnüsse, 150 g
grüne Bohnen,
1 mittelgroße Kar-
toffel, einige Salat-
blätter, Bohnen-
kraut, Dill, Peter-
silie, 1/2 mittel-
große Orange,
Zitronensaft,
1 Teel. grüner Pfef-
fer, Pfeffer, Salz,
Süßstoff, Vanille,
Mineralwasser

**FRÜHSTÜCK Kräuterei und Vollkornbrot**

Ein Ei wachsweich kochen, pellen und in ein Schälchen legen. Mit Salz, einem Teelöffel Butter-flöckchen und gehackten Kräutern (Dill, Petersilie) bestreuen. Dazu gibt es eine halbe Scheibe Voll-kornbrot.

**EXTRA Haselnußschnitten**

Zwei Scheiben Flachknäcke mit zwei Teelöffel Crème fraîche bestreichen und mit einem Teelöffel gehackten Haselnüssen bestreuen.

**MITTAG Pfeffersteak mit grünen Bohnen**

Eine Pellkartoffel* und 150 Gramm grüne Bohnen in Salzwasser bißfest kochen. Das Wasser abgießen. Die Bohnen in einem Teelöffel Butter oder Margarine schwenken und mit Bohnenkraut würzen. 150 Gramm Filetsteak mit einem halben Teelöffel Öl bepinseln. Eine beschichtete Pfanne erhitzen und das Steak auf jeder Seite eine Minute braten. Hitze herunterschalten und auf jeder Seite zwei Minuten weiterbraten. Mit Salz würzen. Den Bratensatz mit zwei Eßlöffel Wasser lösen. Einen halben Teelöffel Instant-Brühe und zwei Teelöffel Crème fraîche hineinrühren und etwas einkochen. Zum Schluß einen Teelöffel grünen Pfeffer dazu-geben und die Soße über das Fleisch gießen.

**EXTRA Orangenscheiben mit Vanillecreme**

Eine halbe Orange in Scheiben schneiden. Drei Teelöffel Crème fraîche mit etwas Süßstoff und Vanille verrühren und auf den Orangenscheiben verteilen.

---

**\*TIP:** Kochen Sie für Montag und Dienstag fünf Kartoffeln mehr mit.

---

**Pfeffersteak mit grünen Bohnen**

### ABEND Rührei mit Dillkrabben

Ein Ei mit Salz, Pfeffer und einem Schuß Mineralwasser verquirlen und in einer beschichteten
Pfanne auf schwacher Hitze unter gelegentlichem
Wenden stocken lassen. 50 Gramm Krabben kurz
abspülen und auf Küchenkrepp abtropfen lassen.
Mit Zitronensaft, Salz, Pfeffer und gehacktem Dill
mischen. Auf eine halbe Scheibe Vollkornbrot
einige Salatblätter legen und das Rührei und die
Krabben darauflegen.

# Montag

**FRÜHSTÜCK** **Orangenquark mit Corn-flakes**
100 Gramm Magerquark mit etwas Mineralwasser und zwei Teelöffel Honig verrühren. Eine halbe Orange kleinschneiden und zugeben. Mit einem Eßlöffel Corn-flakes bestreuen.

**EXTRA** **Eine kleine Banane**

**MITTAG** **Würstchen mit Kartoffelsalat**
Eine kleine Zwiebel würfeln und in drei Eßlöffel Wasser mit einem kräftigen Schuß Essig, einem halben Teelöffel Instant-Brühe, Süßstoff und Pfeffer aufkochen. Drei (am Sonntag) gekochte Kartoffeln pellen, 100 Gramm Gurke schälen, beides in Scheiben schneiden und die heiße Salatsoße darübergießen. Alles gut mischen und fünf Minuten ziehen lassen. Mit Schnittlauch bestreuen. Dazu gibt es ein Wiener Würstchen mit Senf.

ZUTATEN
1 kleines Wiener Würstchen, 50 g Krabben (Dose), 1 Eßl. Corn-flakes, 1 Eßl. Müsli, 1 Scheibe Vollkornbrot, 1 Becher Magermilchjoghurt, 100 g Magerquark, 2 Teel. Salatcreme, 1 Teel. Senf, 1/2 Teel. Instant-Brühe, 2 Teel. Honig, 150 g Gurke, 3 mittelgr. gek. Kartoffeln, einige Salatblätter, 1 kleine Zwiebel, Dill, Schnittlauch, 1 kleine Banane, 1/2 mittelgroße Orange, Zitronensaft, Essig, Pfeffer, Salz, Süßstoff, Mineralwasser

**Joghurt mit Müsli**
Einen Becher Magermilchjoghurt mit einem
Eßlöffel Müsli und etwas Süßstoff verrühren.

ABEND **Krabbenbrot**
50 Gramm Gurke schälen und würfeln, ein Salat-
blatt in Streifen schneiden. 50 Gramm Krabben
abspülen und auf Küchenkrepp abtropfen lassen.
Krabben, Gurke und Salatstreifen mit zwei Teelöffel Salatcreme, Zitronensaft, Salz, Pfeffer und
gehacktem Dill mischen. Salatblätter auf eine
Scheibe Vollkornbrot legen und den Krabbensalat
darauf verteilen.

# Dienstag

**FRÜHSTÜCK** **Knäckebrot herzhaft und süß**

Eine Scheibe Knäckebrot mit einer halben Ecke Schmelzkäse (20 % Fett) bestreichen. 50 Gramm Gurke schälen, in Scheiben schneiden und auf dem Brot verteilen. Mit Salz, Pfeffer und gehacktem Dill bestreuen. Eine zweite Scheibe Knäckebrot mit einem Teelöffel Butter oder Margarine bestreichen und mit einem Teelöffel Honig beträufeln.

**EXTRA** **Joghurt mit Müsli**

Einen Becher Magermilchjoghurt mit einem Eßlöffel Müsli und etwas Süßstoff verrühren.

**ZUTATEN**
1 Scheibe Mortadella, 4 Scheiben Roastbeef, 2 Scheiben Knäckebrot,
1 Eßl. Müsli,
1 Scheibe Vollkornbrot, 1 Becher Magermilchjoghurt, 2 Eßl. Magerquark,
1/2 Ecke Schmelzkäse (20%), 1 Teel. Butter o. Margarine, 1 Teel. Öl,
3 Teel. Salatcreme,
1 Teel. Honig,
1 kleine Gewürzgurke, 300 g Gurke, 2 gekochte Kartoffeln, einige Salatblätter,
2 große Möhren,
1 kleine Zwiebel, Dill, Schnittlauch, Zitronensaft, Pfeffer, Salz, Süßstoff, Mineralwasser

**Knäckebrot herzhaft und süß**

**MITTAG Roastbeef mit Bratkartoffeln**

Einen Teelöffel Öl in einer beschichteten Pfanne
erhitzen. Eine kleine Zwiebel in Würfel und zwei
(am Sonntag) gekochte Kartoffeln in Scheiben
schneiden und goldbraun braten. Mit Salz und
Pfeffer würzen. 50 Gramm Magerquark mit einigen Tropfen Mineralwasser, zwei Teelöffel Salatcreme, Salz, einer kleinen gehackten Gewürzgurke
und Dill verrühren. Die Quarksoße auf Salatblättern anrichten. Die Bratkartoffeln und vier
Scheiben Roastbeef daneben legen. Dazu gibt es
einen Salat aus 250 Gramm Gurke mit einer Soße
aus etwas Zitronensaft, Salz, Pfeffer, einigen
Tropfen Süßstoff und Dill.

**EXTRA Zwei große Möhren**

**ABEND Vollkornbrot mit Mortadella**

Eine Scheibe Vollkornbrot mit einem Teelöffel
Salatcreme bestreichen. Einige Salatblätter und
eine Scheibe Mortadella darauflegen. Mit Schnittlauch bestreuen.

# Mittwoch

### FRÜHSTÜCK Bananenbrote

Zwei Scheiben Flachknäcke mit zwei Eßlöffel Magerquark bestreichen und mit einem Teelöffel Honig beträufeln. Eine Banane in Scheiben schneiden und auf den Broten verteilen.

### EXTRA Ein hartgekochtes Ei

### MITTAG Venezianische Leber mit Reis

Drei Eßlöffel Reis* in Salzwasser körnig kochen. 100 Gramm Kalbsleber in breite, zwei Zwiebeln in feine Streifen schneiden. Einen Teelöffel Öl in einer beschichteten Pfanne erhitzen. Die Leber bei schwacher Hitze anbraten*. Die Zwiebeln zugeben und glasig werden lassen. Eine halbe Tasse Weißwein (oder Brühe) zugießen und etwas einkochen lassen. Ein Lorbeerblatt mitkochen. Mit Salz und frisch gemahlenem Pfeffer abschmecken. Den Reis mit gehackter Petersilie mischen und neben der Leber anrichten.

### EXTRA Eine mittelgroße Orange

### ABEND Vollkornbrot mit Schmelzkäse

Eine Scheibe Vollkornbrot mit einer halben Ecke Schmelzkäse (20 % Fett) bestreichen. Von einem Bund Radieschen einige in Scheiben schneiden und auf dem Brot verteilen. Mit Salz und Schnittlauch bestreuen. Die restlichen Radieschen dazu essen.

ZUTATEN
100 g Kalbsleber, 1 Ei, 2 Scheiben Flachknäcke, 1 Scheibe Vollkornbrot, 2 Eßl. Magerquark, 1/2 Ecke Schmelzkäse (20 %), 1 Teel. Öl, 3 Eßl. Reis, 1 Teel. Honig, 1 Bund Radieschen, 2 kleine Zwiebeln, Petersilie, Schnittlauch, 1 kleine Banane, 1 mittelgroße Orange, 1 Lorbeerblatt, Pfeffer, Salz, 1/2 Tasse trockener Weißwein

---

*TIP: Kochen Sie vier Eßlöffel Reis für morgen und übermorgen mit. Ein Eßlöffel roher Reis (15 Gramm) ergibt zwei Eßlöffel gekochten Reis (30 Gramm). Braten Sie auch gleich noch 50 Gramm Leber für morgen abend mit.

# Donnerstag

**ZUTATEN**
50 g gebr. Kalbs-
leber, 1 Eßl. Müsli,
3 Scheiben Voll-
kornbrot, 5 Teel.
Crème fraîche,
1 Becher Mager-
milchjoghurt,
2 Eßl. Magerquark,
1 Teel. Butter o.
Margarine,
2 Teel. Salatcreme,
4 Teel. Tomaten-
mark, 4 Eßl. gek.
Reis, 1/2 Teel.
Instant-Brühe, 50 g
Gurke, einige Salat-
blätter, 2 Paprika-
schoten, 1 kleine
Dose Tomaten,
Basilikum, Petersi-
lie, Schnittlauch,
getr. Oregano, Pfef-
fer, Salz, Süßstoff

FRÜHSTÜCK **Brot mit Gurkenquark**
Zwei Eßlöffel Magerquark mit zwei Teelöffel
Crème fraîche und etwas Salz verrühren.
50 Gramm Gurke schälen, würfeln und unter den
Quark heben. Den Quark auf einer Scheibe Vollkornbrot verteilen. Mit gehackter Petersilie
bestreuen.

EXTRA **Joghurt mit Müsli**
Einen Becher Magermilchjoghurt mit einem
Eßlöffel Müsli und etwas Süßstoff verrühren.

Tomatensuppe

### MITTAG Tomatensuppe

250 Gramm Tomaten (Dose) zerkleinern oder im Mixer pürieren und in einem Topf etwas einkochen lassen. Mit vier Teelöffel Tomatenmark, Salz, Pfeffer, einem halben Teelöffel Instant-Brühe, Oregano und Süßstoff abschmecken. Vier Eßlöffel (am Mittwoch) gekochten Reis hineinrühren, warm werden lassen und in eine Suppenschale füllen. Eine halbe Scheibe Vollkornbrot zerkrümeln, in einer beschichteten Pfanne rösten und auf die Suppe streuen. Mit drei Teelöffel Crème fraîche und frischem Basilikum (wenn Sie bekommen können) anrichten. Dazu: eine halbe Scheibe Vollkornbrot mit einem Teelöffel Butter.

### EXTRA Zwei mittelgroße Paprikaschoten

Wer rohe Paprikaschoten nicht verträgt, kann sie gegen zwei große Möhren tauschen.

### ABEND Leberbrot

Eine Scheibe Vollkornbrot mit zwei Teelöffel Salatcreme bestreichen. Einige Salatblätter darauflegen. 50 Gramm (am Mittwoch) gebratene Leber in dünne Scheiben schneiden und auf dem Brot verteilen. Mit Salz, Pfeffer und Schnittlauch bestreuen.

# Freitag

ZUTATEN
200 g Kabeljaufilet,
1 hartgekochtes Ei,
2 Eßl. Müsli,
1 Scheibe Vollkorn-
brot,
300 g Dickmilch
(1,5 %),
1 Becher Mager-
milchjoghurt,
2 Teel. Butter o.
Margarine,
2 Teel. Senf,
4 Eßl. gek. Reis,
50 g
Champignons,
einige Salatblätter,
2 kleine Tomaten,
2 kleine Zwiebeln,
Petersilie,
Schnittlauch,
1 großer Apfel,
Zitronensaft,
Pfeffer, Salz,
Süßstoff, Vanille

### FRÜHSTÜCK **Dickmilch mit Zitrone**

300 Gramm Dickmilch mit Zitronensaft, Süßstoff und Vanille verrühren. Mit einem Eßlöffel Müsli bestreuen.

### EXTRA **Ein großer Apfel**

### MITTAG **Kabeljaufilet mit Gemüsereis**

200 Gramm Kabeljaufilet mit Zitronensaft beträufeln und mit Salz bestreuen. Eine Weile ziehen lassen. Zwei Teelöffel Butter oder Margarine in einer beschichteten Pfanne zerlassen. Den Fisch in große Stücke schneiden und fünf Minuten bei schwacher Hitze braten, dabei wenden. Zwei Tomaten in Spalten, 50 Gramm Champignons in Scheiben, zwei Zwiebeln in Ringe schneiden und zugeben. Alles noch eine Minute bei schwacher Hitze braten. Vier Eßlöffel (am Mittwoch) gekoch- ten Reis untermischen. Mit Zitronensaft, Salz, frisch gemahlenem Pfeffer und viel gehackter Petersilie würzen.

### EXTRA **Joghurt mit Müsli**

Einen Becher Magermilchjoghurt mit einem Eßlöffel Müsli und etwas Süßstoff verrühren.

### ABEND **Vollkornbrot mit Ei**

Eine Scheibe Vollkornbrot mit zwei Teelöffel Senf bestreichen. Einige Salatblätter darauflegen. Ein hartgekochtes Ei in Scheiben schneiden und auf dem Brot verteilen. Mit Salz, Pfeffer und Schnitt- lauch bestreuen.

# Samstag

**FRÜHSTÜCK** **Flachknäcke und Ei**
Eine Scheibe Flachknäcke mit je einem Teelöffel
Crème fraîche und Honig bestreichen. Eine zweite
Scheibe mit einem Teelöffel Salatcreme bestrei-
chen und mit Schnittlauch bestreuen. Dazu ein
weichgekochtes Ei.

**ZUTATEN**
1 kleines Wiener
Würstchen, 1 Ei,
2 Scheiben
Flachknäcke,
7 Teel. Crème
fraîche,
200 g Dickmilch
(1,5 %),
1 Teel. Salatcreme,
100 g gek.
Spaghetti,
1 Teel. Honig,
1/2 Teel.
Haselnüsse,
100 g
Champignons,
50 g Feldsalat,
1 Salatherz,
1 kleine Tomate,
Schnittlauch,
1 mittelgroße Kiwi,
Zitronensaft, Essig,
Pfeffer, Salz,
Süßstoff, Zimt

**Spaghetti mit Champignonsahnesoße**

**Dickmilch mit Zimt**
200 Gramm Dickmilch mit Süßstoff und Zimt
verrühren.

**MITTAG** **Spaghetti mit Champignonsahnesoße**
90 Gramm Spaghetti* in Salzwasser (mit einigen
Tropfen Öl, damit sie nicht kleben) bißfest
kochen. 50 Gramm Champignons in Scheiben
schneiden und in einer beschichteten Pfanne ohne
zusätzliches Fett braten. Mit je einem Eßlöffel Wasser und Zitronensaft beträufeln, mit Salz und frisch
gemahlenem Pfeffer kräftig würzen. Vier Teelöffel
Crème fraîche hineinrühren und zwei Minuten
aufkochen. 50 Gramm gewaschenen Feldsalat zur
Soße geben, einmal umrühren und die Soße über
die Spaghetti gießen.

**EXTRA** **Kiwi mit Zitronensahne**
Eine Kiwi in Scheiben schneiden und in ein Glasschälchen legen. Zwei Teelöffel Crème fraîche mit
einem halben Teelöffel Haselnüssen, Zitronensaft
und Süßstoff mischen und auf die Kiwischeiben
geben.

**ABEND** **Nudelsalat**
25 Gramm mittags mitgekochte Nudeln, ein kleines Wiener Würstchen, 50 Gramm Champignons
und eine Tomate kleinschneiden, ein Salatherz
(das müßten Sie von dem Kopfsalat noch übrig
haben) zerpflücken. Den Nudelsalat in einer Soße
aus Essig, Salz, Pfeffer, Süßstoff und viel Schnittlauch ziehen lassen.

---

**\*TIP:** Kochen Sie 10 Gramm Spaghetti für abends mit. Nach dem
Kochen wiegen diese 10 Gramm dann 25 Gramm.

---

# 3.Woche

Am Sonntagabend gibt es provenzalische Tomaten
– vielleicht laden Sie jemanden zum Mitgenießen
ein. Wenn Sie berufstätig sind und mittags nicht in
der Kantine oder im Restaurant essen möchten,
dann nehmen Sie doch an Werktagen einfach das
Diät-Abendessen als Lunchpaket mit und essen die
warme Mittagsmahlzeit abends. Für diesen Fall
noch ein Tip: Beim Abendessen ist immer eine
Scheibe Vollkornbrot mit einem Gewicht von
50 Gramm eingeplant. Wenn Sie aber eine Brot-
sorte (sie sollte auf jeden Fall aus Vollkorn sein)
finden, bei der die Scheiben kleiner sind und nur
25 Gramm wiegen, dann können Sie natürlich
zwei Scheiben nehmen. Die lassen sich besser
verpacken.

# Einkauf – 3. Woche

| Bezeichnung | SO | MO | DI | MI | DO | FR | SA |
|---|---|---|---|---|---|---|---|
| Hähnchenbrustfilets (1 Stück = 90 Gramm) | 135 | 45 | | | | | |
| Schellfischfilet (Gramm) | | | | | 200 | | |
| Corned beef (1 Scheibe = 20 Gramm) | | | 40 | 20 | 40 | | |
| gek. Schinken (1 Scheibe = 20 Gramm) | | 80 | 20 | | | | |
| TK-Rostbratwürstchen (1 kleines = 25 Gramm) | | | | | | | 50 |
| Eier (Handelsklasse 4) | 1 | | | 2 | | 1 | |
| Vollkornbrot (1 Scheibe = 50 Gramm) | 25 | 50 | 100 | 100 | 100 | 100 | 25 |
| Magermilchjoghurt (1 Becher = 150 Gramm) | 150 | 150 | 150 | | 150 | 150 | |
| Magerquark (1 Becher = 250 Gramm) | | 100 | 50 | | 100 | | |
| Schnittkäse (45 %) (1 Scheibe = 20 Gramm) | 20 | | | 20 | 40 | | 20 |
| Blattspinat (Gramm) | | | | 150 | | 50 | |
| Brokkoli (Gramm) | | | | | 150 | | |
| Champignons (Gramm) | 50 | | | | | | |
| Grüne Bohnen (Gramm) | | | 150 | | | | |
| Gurke (1 mittelgr. = 500 Gramm) | 100 | 50 | 100 | 100 | 150 | | |
| Kopfsalat (1 Kopf = 200 Gramm) | 100 | 120 | 20 | 40 | 20 | 100 | |
| Möhren (1 große = 125 Gramm) | | | | | 250 | | |
| Paprikaschoten (1 mittelgr. = 150 Gramm) | | | 150 | | | | 300 |
| Radieschen (1 Bund = 100 Gramm) | | | 200 | 100 | | | |
| Rettich (1 kleiner = 250 Gramm) | | | | | | | 250 |
| Tomaten (1 kleine = 50 Gramm) | 150 | | 150 | 100 | 50 | | 100 |
| Zuckermais (1 kl. Dose = 250 Gramm) | | | | | | | 250 |
| Basilikum | X | | | | | | |
| Bohnenkraut | | | X | | | | |
| Kresse | | | | | X | X | |
| Petersilie | X | X | X | X | | | X |
| Schnittlauch | X | X | X | | X | | X |
| Apfel (1 großer = 150 Gramm) | | 150 | | | | | |
| Banane (1 kleine = 100 Gramm) | | 100 | | | | | |
| Birne (1 mittelgr. = 175 Gramm) | | | | 175 | | | |
| TK-Erdbeeren (1 Paket = 250 Gramm)* | 125 | 125 | | | | | |
| Kiwis (1 mittelgr. = 100 Gramm) | | | 100 | | | 100 | |

**Tip:*** Sie können natürlich auch frische Erdbeeren nehmen, wenn Sie sie bekommen.

# Sonntag

### FRÜHSTÜCK Rührei mit Vollkornbrot

Ein Ei mit etwas Mineralwasser, Salz, Pfeffer und Schnittlauch verquirlen und in einer beschichteten Pfanne stocken lassen. Dazu gibt es eine halbe Scheibe Vollkornbrot mit einem Teelöffel Butter oder Margarine.

### EXTRA Honigzwieback

Einen Zwieback mit je einem Teelöffel Butter oder Margarine und Honig bestreichen.

### MITTAG Hühnerfrikassee mit Reis und Salat

Zwei Eßlöffel Reis* in Salzwasser körnig kochen. In einer halben Tasse Brühe (Instant) eineinhalb Hähnchenbrustfilets* 15 Minuten auf schwacher Hitze garen und herausnehmen. Die Brühe auf zwei Eßlöffel einkochen lassen. Fünf Teelöffel Crème fraîche, etwas Zitronensaft, Salz, Pfeffer und Worcestershiresoße hineinrühren, noch einmal etwas einkochen lassen. 50 Gramm Champignons, 50 Gramm Spargel und das Hühnerfleisch klein- schneiden und wieder in den Topf geben. Alles kurz erwärmen und mit Petersilie bestreuen. Salat: 100 Gramm Gurke in Scheiben schneiden, eine Portion Kopfsalat zerpflücken und mit einer Soße aus einem halben Becher Joghurt, Zitronensaft, Salz und Süßstoff übergießen.

---

**\*TIP:** Zwei Eßlöffel Reis und ein halbes Hähnchenbrustfilet für morgen mitkochen.

ZUTATEN
1 1/2 Hähnchen-
brustfilets, 1 Ei,
2 Eßl.
Semmelbrösel,
1/2 Scheibe
Vollkornbrot,
1 Zwieback,
7 Teel. Crème
fraîche,
1 Becher Mager-
milchjoghurt,
1 Scheibe
Schnittkäse (45%),
2 Teel. Butter o.
Margarine,
2 Eßl. Reis,
1/2 Tasse Brühe,
1 Teel. Honig,
50 g
Champignons,
100 g Gurke,
1 Portion
Kopfsalat,
50 g Spargel
(Glas),
3 kleine Tomaten,
1 kleine Zwiebel,
Basilikum,
1 Knoblauchzehe,
Petersilie,
Schnittlauch,
1/2 Paket
TK-Erdbeeren,
Zitrone,
Pfeffer, Salz,
Süßstoff,
Worcestershire-
soße,
Mineralwasser

### EXTRA Erdbeeren mit Zitronencreme

125 Gramm tiefgekühlte Erdbeeren auftauen
lassen und in ein Schälchen füllen. Einen halben
Becher Magermilchjoghurt mit zwei Teelöffel
Crème fraîche, abgeriebener Zitronenschale,
Zitronensaft und Süßstoff verrühren und über die
Erdbeeren gießen.

### ABEND Provenzalische Tomaten

Drei Tomaten halbieren, mit einem Teelöffel aushöhlen und das Tomateninnere auffangen. Die
Tomatenhälften in eine ofenfeste Form setzen und
mit Salz bestreuen. Eine Scheibe Käse (45 % Fett),
eine Zwiebel, eine Knoblauchzehe und einen
Eßlöffel Petersilie und Basilikum hacken und
zusammen mit Salz, Pfeffer, dem Tomateninneren
und zwei Eßlöffel Semmelbrösel mischen. Die
Masse in die Tomatenhälften füllen und
20 Minuten bei 200 Grad/Gas Stufe 3 überbacken.

# Montag

### FRÜHSTÜCK Erdbeerquark und Knäckebrot

125 Gramm tiefgekühlte Erdbeeren auftauen lassen. 100 Gramm Magerquark, etwas Mineralwasser, abgeriebene Zitronenschale, Zitronensaft und Süßstoff verrühren und über die Erdbeeren gießen. Dazu gibt es eine Scheibe Knäckebrot mit einem Teelöffel Butter oder Margarine.

### EXTRA Ein großer Apfel

### MITTAG Schinkenröllchen in Currysahne

Eine Banane halbieren und beide Hälften noch einmal der Länge nach durchschneiden. Vier Scheiben gekochten Schinken mit je einem Bananenviertel aufrollen und mit einem Zahnstocher feststecken. Die Schinkenröllchen in einer beschichteten Pfanne rundherum braten und warm stellen. Den Bratensatz mit zwei Eßlöffel Wasser aufkochen. Zwei Teelöffel Crème fraîche, einen halben Teelöffel Curry, etwas Sojasoße und Süßstoff zugeben, verrühren und über die Schinkenröllchen gießen. Vier Eßlöffel (am Sonntag) gekochten Reis kurz in der Pfanne erwärmen und neben den Schinkenröllchen anrichten. Dazu gibt es eine Portion Kopfsalat mit einer Soße aus Essig, Salz, Pfeffer, Süßstoff und Schnittlauch.

**Joghurt mit Müsli**
Einen Becher Magermilchjoghurt mit einem
Eßlöffel Müsli und einigen Tropfen Süßstoff
verrühren.

ABEND **Geflügelsalat**
Ein halbes (am Sonntag) gegartes Hähnchenbrustfilet und 50 Gramm Spargel kleinschneiden. Mit
zwei Teelöffel Salatcreme, Zitronensaft, Salz,
Pfeffer, Süßstoff und gehackter Petersilie mischen.
Einige Salatblätter auf eine Scheibe Vollkornbrot
legen und den Geflügelsalat darauf verteilen.
50 Gramm Gurke schälen, in Scheiben schneiden,
rundherum legen und mit Salz und Pfeffer würzen.

ZUTATEN
1/2 gek. Hähn-
chenbrustfilet,
4 Scheiben gek.
Schinken,
1 Scheibe
Knäckebrot,
1 Eßl. Müsli,
1 Scheibe
Vollkornbrot,
2 Teel.
Crème fraîche,
1 Becher Mager-
milchjoghurt,
100 g Magerquark,
1 Teel. Butter o.
Margarine,
2 Teel. Salatcreme,
4 Eßl. gek. Reis,
50 g Gurke,
120 g Kopfsalat,
50 g Spargel
(Glas), Petersilie,
Schnittlauch,
1 großer Apfel,
1 kleine Banane,
1/2 Paket
TK-Erdbeeren,
Zitronensaft,
Curry, Essig,
Pfeffer, Salz,
Sojasoße, Süßstoff,
Mineralwasser

# Dienstag

ZUTATEN
2 Scheiben
Corned beef,
1 Scheibe gek.
Schinken,
1 Eßl. Müsli,
2 Scheiben
Vollkornbrot,
1 Becher Mager-
milchjoghurt,
2 Eßl. Magerquark,
1 Teel. Salatcreme,
2 Tassen Brühe
(Instant),
150 g
grüne Bohnen,
100 g Gurke,
4 mittelgroße
Kartoffeln,
einige Salatblätter,
1 mittelgroße
Paprikaschote,
2 Bund
Radieschen,
3 kleine Tomaten,
Bohnenkraut,
Petersilie,
Schnittlauch,
1 kleine Kiwi,
Pfeffer, Salz,
Süßstoff

### FRÜHSTÜCK **Radieschenbrot**

Eine Scheibe Vollkornbrot mit zwei Eßlöffel Magerquark bestreichen. Einige Radieschen von einem
Bund in Scheiben schneiden und auf dem Brot
verteilen. Mit Salz, Pfeffer und gehackter Petersilie
bestreuen. Die restlichen Radieschen dazu essen.
Hinterher gibt es eine Kiwi.

### EXTRA **Joghurt mit Müsli**

Einen Becher Magermilchjoghurt mit einem
Eßlöffel Müsli und einigen Tropfen Süßstoff
verrühren.

### MITTAG **Bohneneintopf**

Zwei Tassen Brühe (Instant) in einem Topf
erhitzen. Vier Kartoffeln schälen, in Stücke
schneiden und 15 Minuten bei schwacher Hitze
darin garen. 150 Gramm grüne Bohnen und zwei
Scheiben Corned beef kleinschneiden und weitere
acht Minuten mitkochen. Mit Bohnenkraut, Salz,
Pfeffer und gehackter Petersilie würzen.

### EXTRA **Frisches Gemüse**

Ein Bund Radieschen, zwei kleine Tomaten, eine
Paprikaschote, 100 Gramm Gurke.

### ABEND **Schinkenbrot**

Eine Scheibe Vollkornbrot mit einem Teelöffel
Salatcreme bestreichen. Einige Salatblätter und
eine Scheibe gekochten Schinken darauflegen.
Eine Tomate in Scheiben schneiden und auf dem
Brot verteilen. Mit Salz, Pfeffer und Schnittlauch
bestreuen.

# Mittwoch

### FRÜHSTÜCK **Käsebrot mit Gurkenscheiben**

Eine Scheibe Vollkornbrot mit einem Teelöffel
Tomatenketchup bestreichen. Einige Salatblätter
und eine Scheibe Käse (45 % Fett) darauflegen.
50 Gramm Gurke schälen, in dünne Scheiben
schneiden und auf dem Brot verteilen. Mit Salz
und frisch gemahlenem Pfeffer würzen.

### EXTRA **Eine mittelgroße Birne**

### MITTAG **Spinat mit Eiern**

Zwei mittelgroße Kartoffeln* zu Pellkartoffeln und
zwei Eier wachsweich kochen. Währenddessen
150 Gramm Blattspinat in einem heißen Topf kurz
zusammenfallen und dann gut abtropfen lassen.
Einen Teelöffel Butter oder Margarine im Topf
zerlassen. Eine Knoblauchzehe mit Salz zerdrücken
und kurz in der Butter braten. Den Spinat in den
Topf zurückgeben, in der Butter schwenken und
mit Salz und Pfeffer würzen. Eier und Kartoffeln
pellen und neben dem Spinat anrichten.

### EXTRA **Brühe mit Knäckebrot**

Zwei Tassen Brühe (Instant) erhitzen. Dazu gibt es
zwei Scheiben Flachknäcke und zwei Tomaten.

### ABEND **Vollkornbrot mit Corned beef**

Eine Scheibe Vollkornbrot mit einem Teelöffel
Salatcreme bestreichen. Einige Salatblätter und
eine Scheibe Corned beef darauflegen. Ein Bund
Radieschen in Scheiben schneiden und auf dem
Brot verteilen. Mit einigen Gurkenscheiben garnieren und mit Salz, Pfeffer und gehackter Petersilie
bestreuen.

**ZUTATEN**
1 Scheibe
Corned beef,
2 Eier, 2 Scheiben
Flachknäcke, 2
Scheiben Vollkorn-
brot, 1 Scheibe
Schnittkäse (45 %),
1 Teel. Butter o.
Margarine, 1 Teel.
Salatcreme,
1 Teel.
Tomatenketchup,
2 Tassen Brühe
(Instant),
150 g Blattspinat,
100 g Gurke,
2 mittelgroße
Kartoffeln,
einige Salatblätter,
1 Bund
Radieschen,
2 kleine Tomaten,
1 Knoblauchzehe,
Petersilie,
1 mittelgroße
Birne, Pfeffer, Salz

---

**\*TIP:** Kochen Sie heute fünf Kartoffeln für Donnerstag und Freitag
mit.

---

# Donnerstag

**FRÜHSTÜCK** **Vollkornbrot mit Kressequark**
100 Gramm Magerquark mit etwas Mineralwasser,
einem Teelöffel Crème fraîche, wenig Salz und
Pfeffer cremig rühren. Einen Eßlöffel Kresse unterziehen und den Quark auf eine Scheibe Vollkornbrot streichen. 50 Gramm Gurke schälen, in Scheiben schneiden und um das Brot legen. Mit etwas
Salz und Pfeffer bestreuen.

**EXTRA** **Joghurt mit Müsli**
Einen Becher Magermilchjoghurt mit einem
Eßlöffel Müsli und einigen Tropfen Süßstoff
verrühren.

**Überbackener Brokkoli**

## MITTAG Überbackener Brokkoli

150 Gramm Brokkoli putzen. Die Stiele abschneiden und schälen. In einem Topf mit Salzwasser zuerst die Stiele drei Minuten kochen. Die Röschen zugeben, alles sechs Minuten weiterkochen, dann das Gemüsewasser abgießen. Drei (am Mittwoch) gekochte Kartoffeln in Scheiben schneiden. Eine ofenfeste Form mit einem halben Teelöffel Butter oder Margarine auspinseln. Die Kartoffelscheiben und den Brokkoli hineinschichten. Mit Salz und Pfeffer würzen. Zwei Scheiben Corned beef in Würfel schneiden und darüberstreuen. Eine Scheibe Käse (45 % Fett) drauflegen und mit Edelsüß-Paprika bestreuen. Zehn Minuten im Ofen bei 200 Grad/Gas Stufe 3 überbacken.

## EXTRA Frisches Gemüse

Zwei Möhren und 100 Gramm geschälte Gurke.

ZUTATEN
2 Scheiben
Corned beef,
1 Eßl. Müsli,
2 Scheiben
Vollkornbrot,
1 Teel. Crème
fraîche,
1 Becher Magermilchjoghurt,
100 g Magerquark,
2 Scheiben
Schnittkäse (45 %),
1/2 Teel. Butter o.
Margarine,
1 Teel.
Tomatenketchup,
150 g Brokkoli,
150 g Gurke,
3 gekochte
Kartoffeln,
einige Salatblätter,
2 große Möhren,
1 kleine Tomate,
Kresse,
Schnittlauch,
Edelsüß-Paprika,
Pfeffer, Salz,
Süßstoff,
Mineralwasser

## ABEND Käsebrot mit Kräutertomate

Eine Scheibe Vollkornbrot mit einem Teelöffel Ketchup bestreichen. Einige Salatblätter und eine Scheibe Käse (45 % Fett) drauflegen. Eine Tomate in Scheiben schneiden, mit Salz, Pfeffer und Schnittlauch bestreuen.

# Freitag

### FRÜHSTÜCK Honigbrot

Eine Scheibe Vollkornbrot mit einem Teelöffel
Butter oder Margarine bestreichen und mit einem
Teelöffel Honig beträufeln.

### EXTRA Zwei mittelgroße Kiwis

### MITTAG Schellfisch mit Senfsoße

200 Gramm Schellfischfilet mit Zitronensaft
beträufeln und eine Weile ziehen lassen. Eine
halbe Tasse Brühe (Instant) mit einem Lorbeerblatt
und etwas Essig in einer beschichteten Pfanne
erhitzen. Den Fisch in mundgerechte Stücke teilen
und zugeben. Zugedeckt bei schwacher Hitze zehn
Minuten garen. Zwei (am Mittwoch) gekochte
Kartoffeln in Scheiben schneiden, 50 Gramm Blattspinat grob hacken, zugeben und kurz miterhit-
zen. Mit Salz und Pfeffer würzen und mit einer
Schaumkelle auf einen vorgewärmten Teller legen.
Vier Teelöffel Senf und fünf Teelöffel Crème fraîche
mit dem Fischsud verrühren. Sämig einkochen
und über den Fisch gießen. Salat: Eine Portion
Kopfsalat zerpflücken und in einer Soße aus Essig,
Salz, Pfeffer und Süßstoff ziehen lassen. Mit Kresse
bestreuen.

### EXTRA Joghurt mit Müsli

Einen Becher Magermilchjoghurt mit einem
Eßlöffel Müsli und einigen Tropfen Süßstoff
verrühren.

### ABEND Eibrot mit Kresse

Ein Ei hart kochen. Eine Scheibe Vollkornbrot mit
einem Teelöffel Salatcreme bestreichen. Mit Kresse
bestreuen. Das Ei pellen, in Scheiben schneiden
und auf dem Brot verteilen. Mit Salz und Pfeffer
würzen.

# Samstag

### FRÜHSTÜCK Käsebrot und Tomaten

Eine halbe Scheibe Vollkornbrot mit einem Teelöffel Butter oder Margarine bestreichen. Eine Scheibe Käse (45 % Fett) darauflegen. Zwei Tomaten vierteln, mit Salz, Pfeffer und Schnittlauch bestreuen.

**ZUTATEN**
2 kleine TK-Rost-
bratwürstchen,
4 Scheiben
Flachknäcke,
1/2 Scheibe
Vollkornbrot,
2 Teel. Crème
fraîche,
1 Scheibe Schnitt-
käse (45 %),
2 Teel. Butter o.
Margarine,
1 Teel. Öl,
1 Teel. Haselnüsse,
1 Teel. Mandel-
splitter,
2 mittelgroße
Paprikaschoten,
1 kleiner Rettich,
2 kleine Tomaten,
1 kleine Dose
Zuckermais,
1 kleine Zwiebel,
1 Knoblauchzehe,
Petersilie,
Schnittlauch,
3 Eßl. Sauer-
kirschen (Glas),
Zitronensaft,
Pfeffer, Salz,
Süßstoff

**Mexikanischer Maistopf**

### EXTRA Nußschnitten

Zwei Scheiben Flachknäcke mit zwei Teelöffel Crème fraîche bestreichen. Einen Teelöffel gehackte Haselnüsse darüberstreuen.

### MITTAG Mexikanischer Maistopf

Zwei kleine Rostbratwürstchen in Scheiben schneiden. Eine Knoblauchzehe zerdrücken und eine kleine Zwiebel würfeln. Die Wurstscheiben in einer beschichteten Pfanne knusprig braten, das herausgebratene Fett anschließend abgießen. Zwiebelwürfel und Knoblauch zugeben und goldbraun braten. Eine Dose Mais gut abtropfen lassen und zusammen mit zwei gewürfelten Paprikaschoten zugeben. Bei schwacher Hitze fünf Minuten schmoren. Mit Zitronensaft, Salz und Süßstoff abschmecken. Wer es gern scharf mag, kann noch eine feingehackte Pfefferschote (Glas) zugeben.

### EXTRA Rumkirschen mit Mandelsplittern

Drei Eßlöffel Sauerkirschen mit Süßstoff und einem Teelöffel Rum (wenn Sie haben; für Kinder bitte weglassen) beträufeln. Mit einem Teelöffel Mandelsplittern bestreuen.

### ABEND Rettichtopf mit Knäckebrot

Einen kleinen Rettich schälen und in dünne Scheiben hobeln. Mit einem Teelöffel Öl und Zitronensaft beträufeln. Mit Salz und gehackter Petersilie bestreuen, gut mischen und eine Weile ziehen lassen. Dazu gibt es zwei Scheiben Flachknäcke mit einem Teelöffel Butter.

# 4.Woche

In dieser Woche werden Sie feststellen, daß auch ein so leckeres Gemüse wie Wirsing für eine Diät geeignet ist. Am Sonntagabend gibt es ihn als warmen Salat mit einer sahnigen Soße, am Montag wird er zu köstlichen Minirouladen verarbeitet und am Mittwoch zu einem Eintopf mit knusprigen Brotkrümeln. Der Mittwoch ist übrigens als fleischloser Tag eingeplant. Sie werden sehen: Auch bei einer Diät muß es nicht täglich Fleisch geben.

# Einkauf – 4. Woche

| Bezeichnung | SO | MO | DI | MI | DO | FR | SA |
|---|---|---|---|---|---|---|---|
| Beefsteakhack (Gramm) | | 50 | 50 | | | | |
| Kalbsschnitzel (Gramm) | 100 | 50 | | | | | |
| Schweinefilet (Gramm) | 50 | | | | | | |
| Hühnerleber (Gramm) | | | | | 100 | 50 | |
| Kabeljaufilet (Gramm) | | | | | | 200 | |
| gek. Schinken (Gramm) | | | | | | | 100 |
| Eier (Handelsklasse 4) | 1 | | | 1 | | | 2 |
| Vollkornbrot (1 Scheibe = 50 Gramm) | | 75 | 125 | 75 | 50 | 75 | |
| Dickmilch (1,5 %) (1 Becher = 500 Gramm) | 200 | 200 | | | 100 | | |
| Magermilchjoghurt (1 Becher = 150 Gramm) | | 150 | 150 | | 150 | 150 | |
| Magerquark (1 Becher = 250 Gramm) | | | 50 | 100 | 50 | 50 | |
| Schmelzkäse (20 %) (1 Ecke = 62,5 Gramm) | | | | | 30 | | 30 |
| Champignons (Gramm) | 100 | | | | | | |
| Feldsalat (Gramm) | | | | 10 | 40 | | |
| Kopfsalat (1 Kopf = 200 Gramm) | 100 | 20 | 120 | 20 | | 120 | 20 |
| Paprikaschoten (1 mittelgr. = 150 Gramm) | | | | 300 | 75 | 75 | |
| Porree (1 Stange = 150 Gramm) | | | | | | | 300 |
| Radieschen (1 Bund = 100 Gramm) | | | | | 100 | | |
| Tomate (1 kleine = 50 Gramm) | 50 | | 200 | | | 50 | 50 |
| Wirsing (1 kleiner = 400 Gramm) | 100 | 100 | | 200 | | | |
| Basilikum | | | X | X | | | |
| Petersilie | X | X | X | X | | X | |
| Schnittlauch | X | X | X | X | | X | X |
| Äpfel (1 großer = 150 Gramm) | 150 | | 150 | | 150 | | |
| Bananen (1 kleine = 100 Gramm) | 50 | 50 | | 100 | | | |
| Birne (1 mittelgr. = 175 Gramm) | | | | | | 175 | |
| Grapefruit (1 mittelgr. = 300 Gramm) | | | | | | 150 | 150 |
| Kiwis (1 mittelgr. = 100 Gramm) | | | | | 200 | | |
| Orange (1 mittelgr. = 200 Gramm) | | 200 | | | | | |

# Sonntag

### FRÜHSTÜCK **Ei im Glas**

Ein Ei wachsweich kochen und in ein Glasschälchen legen. Mit Salz, Schnittlauch und einem
Teelöffel Butterflöckchen bestreuen. Zwei Scheiben Flachknäcke mit je einem Teelöffel Salatcreme
bestreichen und mit den Scheiben einer Tomate
belegen. Mit Salz, Pfeffer und Petersilie bestreuen.

### EXTRA **Dickmilch mit Apfel**

Einen halben Apfel in kleine Stücke schneiden.
100 Gramm Dickmilch mit Süßstoff und Zimt
verrühren, über die Apfelstücke gießen. Mit einem
Eßlöffel Corn-flakes bestreuen.

### MITTAG **Geschnetzeltes und Salat**

Eine Kartoffel* kochen und pellen. Je 50 Gramm
Schweinefilet, Kalbsschnitzel* und Champignons
in Scheiben schneiden. Das Fleisch von allen
Seiten anbraten und mit Salz und Pfeffer würzen.
Die Champignons zugeben, mit einer halben Tasse
trockenem Weißwein (oder Wasser) ablöschen
und fünf Minuten ohne Deckel schmoren. Einen
halben Teelöffel Instant-Brühe, etwas Sojasoße und
vier Teelöffel Crème fraîche in die Soße rühren.
Einkochen, bis die Soße sämig ist. Mit gehackter
Petersilie bestreuen. Salat: Eine Portion Kopfsalat
zerpflücken und mit einer Soße aus 100 Gramm
Dickmilch, Zitronensaft, Salz und Süßstoff übergießen.

---

**\*TIP:** Zwei Kartoffeln und 100 Gramm Kalbsschnitzel im Stück für
heute abend und morgen mitgaren.

---

## EXTRA Salat aus Apfel und Banane

Einen halben Apfel und eine halbe Banane kleinschneiden und mischen. Mit Zitronensaft und Süßstoff beträufeln. Mit einem halben Teelöffel Haselnüssen bestreuen.

## ABEND Warmer Wirsingsalat

100 Gramm geputzten Wirsing* in grobe Streifen schneiden. Fünf Minuten in Salzwasser kochen und gut abtropfen lassen. Zwei Teelöffel Crème fraîche im Topf erhitzen, mit Sojasoße und Pfeffer würzen. Den Wirsing kurz in dieser Soße schwenken und auf einem Teller anrichten. 50 Gramm Champignons und 50 Gramm gebratenes Kalbsschnitzel in dünne Scheiben schneiden und auf dem Wirsing verteilen. Dazu gibt es zwei Scheiben Flachknäcke mit einem Teelöffel Butter oder Margarine.

---

**\*TIP:** Kochen Sie vier große Wirsingblätter für morgen mit.

---

ZUTATEN
100 g Kalbsschnitzel,
50 g Schweinefilet,
1 Ei,
1 Eßl. Corn-flakes,
4 Scheiben Flachknäcke,
6 Teel. Crème fraîche,
200 g Dickmilch (1,5 %),
2 Teel. Butter o. Margarine,
2 Teel. Salatcreme,
1/2 Teel. Instant-Brühe,
1/2 Teel. Haselnüsse, 100 g Champignons,
1 mittelgroße Kartoffel,
1 Portion Kopfsalat,
1 kleine Tomate,
100 g Wirsing,
Petersilie,
Schnittlauch,
1 großer Apfel,
1/2 kleine Banane,
Zitronensaft,
Pfeffer, Salz,
Sojasoße, Süßstoff,
Zimt, 1/2 Tasse Weißwein

**Warmer Wirsingsalat**

# Montag

### FRÜHSTÜCK **Dickmilch mit Banane**

200 Gramm Dickmilch mit Süßstoff und Vanille verrühren. Eine halbe Banane in Scheiben schneiden und unterheben. Dazu: eine Scheibe Flachknäcke mit einem Teelöffel Butter oder Margarine.

### EXTRA **Eine Orange**

### MITTAG **Wirsingrouladen mit Kartoffeln**

Eine Zwiebel, eine viertel Scheibe altes Vollkornbrot und einen Eßl. Kräuter (Petersilie, Schnittlauch) im Blitzhacker zerkleinern. Alles mit 50 Gramm Beefsteakhack, Salz, Pfeffer, zwei Teelöffel Senf und zwei Eßlöffel Wasser mischen. Den Fleischteig* auf die vier am Sonntag mitgekochten Wirsingblätter verteilen. Kleine Päckchen machen und mit einem Faden zusammenbinden. Einen Teelöffel Öl in einer beschichteten Pfanne erhitzen und die Rouladen von allen Seiten zehn Minuten braten. Zwei (am Sonntag) gekochte Kartoffeln, eine halbe Tasse Wasser und einen halben Teelöffel Instant-Brühe zugeben und alles zugedeckt 20 Minuten bei schwacher Hitze kochen. Kohlrouladen und Kartoffeln warm stellen. Die Soße mit etwas Kümmel und zwei Teelöffel Crème fraîche sämig einkochen.

**ZUTATEN**
50 g Beefsteakhack,
50 g gebr. Kalbsschnitzel,
1 Scheibe Flachknäcke,
1 Eßl. Müsli,
1 1/2 Scheiben Vollkornbrot,
2 Teel. Crème fraîche,
200 g Dickmilch (1,5 %), 1 Becher Magermilch-joghurt,
1 Teel. Butter o. Margarine,
1 Teel. Öl,
2 Teel. Senf, 2 Teel. Tomatenketchup,
1/2 Teel. Instant-Brühe, 2 gekochte Kartoffeln, einige Salatblätter,
4 gekochte Wirsingblätter,
1 kleine Zwiebel, Petersilie,
Schnittlauch,
1/2 kleine Banane,
1 mittelgroße Orange, Kümmel,
Pfeffer, Salz,
Süßstoff, Vanille

**Joghurt mit Müsli**

Einen Becher Magermilchjoghurt mit einem
Eßlöffel Müsli und einigen Tropfen Süßstoff
verrühren.

**ABEND** **Brot mit Kalbfleischscheibchen**

Eine Scheibe Vollkornbrot mit zwei Teelöffel
Tomatenketchup bestreichen. Einige Salatblätter
und 50 Gramm (am Sonntag) gebratenes, in
dünne Scheiben geschnittenes Kalbsschnitzel
darauf verteilen. Mit Salz, Pfeffer und Schnittlauch
bestreuen.

---

**\*TIP:** Bereiten Sie diesen Teig aus 75 Gramm Beefsteakhack zu,
formen Sie aus einem Drittel eine flache Frikadelle, und braten
Sie sie zusammen mit den Rouladen für Dienstag abend.

---

# Dienstag

### FRÜHSTÜCK Quarkbrot mit Tomate

Eine Scheibe Vollkornbrot mit zwei Eßlöffel Magerquark bestreichen. Zwei Tomaten vierteln und auf dem Brot verteilen. Mit Salz, Pfeffer und Petersilie bestreuen.

### EXTRA Joghurt mit Müsli

Einen Becher Magermilchjoghurt mit einem Eßlöffel Müsli und einigen Tropfen Süßstoff verrühren.

**ZUTATEN**
50 g Beefsteak-
hack, 1 Eßl. Müsli,
2 1/4 Scheiben
Vollkornbrot,
1 Becher Mager-
milchjoghurt,
2 Eßl. Magerquark,
1/2 Teel. Öl,
4 Teel. Senf,
4 Teel. Tomaten-
mark,
75 g Spaghetti,
1/2 Teel. Instant-
Brühe,
120 g Kopfsalat,
4 kleine Tomaten,
1 1/2 kleine
Zwiebeln,
Basilikum, Peter-
silie, Schnittlauch,
1 großer Apfel,
Essig, getr.
Oregano, Pfeffer,
Salz, Süßstoff

**Spaghetti Bolognese**

**Spaghetti Bolognese**
75 Gramm Spaghetti\* in Salzwasser bißfest
kochen. Einen halben Teelöffel Öl in einer
beschichteten Pfanne erhitzen. Darin 25 Gramm
Beefsteakhack scharf anbraten. Eine Zwiebel in
Würfel schneiden und glasig werden lassen. Zwei
Tomaten kleinschneiden und kurz mitschmoren.
Vier Teelöffel Tomatenmark, vier Eßlöffel Wasser
und einen halben Teelöffel Instant-Brühe hineinrühren und aufkochen. Mit Pfeffer und Oregano
abschmecken und mit gehacktem Basilikum
bestreuen. Salat: Eine Portion Kopfsalat mit einer
Soße aus Essig, Salz, Pfeffer und Süßstoff zubereiten.

EXTRA **Ein großer Apfel**

ABEND **Frikadelle mit Vollkornbrot**
Eine Scheibe Vollkornbrot mit zwei Teelöffel Senf
bestreichen. Einige Salatblätter und die in
Scheiben geschnittene Frikadelle (die Sie gestern
mittag mitgebraten haben) darauflegen. Mit Salz
und Schnittlauch bestreuen.

---

**\*TIP:** Kochen Sie 50 Gramm Nudeln für Donnerstag mit, das ergibt
etwa 125 Gramm gekochte Nudeln.

---

# Mittwoch

**FRÜHSTÜCK Kräuterquark mit Knäckebrot**
100 Gramm Magerquark mit etwas Mineralwasser, zwei Teelöffel Crème fraîche, Salz, Pfeffer und frischen Kräutern (Petersilie, Schnittlauch, Basilikum) verrühren, dazu gibt es eine Scheibe Flachknäcke. Und als süßen Happen hinterher eine zweite Scheibe Flachknäcke mit je einem Teelöffel Butter und Honig.

**EXTRA Eine kleine Banane**

**MITTAG Wirsingeintopf mit Knusperkrümeln**
Drei mittelgroße Kartoffeln schälen, kleinschneiden und in zwei Tassen Brühe (Instant) 15 Minuten kochen. 200 Gramm geputzten, in Streifen geschnittenen Wirsing zugeben und alles fünf Minuten weiterkochen. Mit Kümmel würzen. Eine dreiviertel Scheibe altes Vollkornbrot fein zerkrümeln und in einer beschichteten Pfanne knusprig rösten. Eine gewürfelte Zwiebel, Salz, Pfeffer und zum Schluß einen Teelöffel Butter oder Margarine in die Pfanne geben, alles einmal umrühren und über den heißen Eintopf streuen.

**EXTRA Zwei mittelgroße Paprikaschoten**

**ABEND Gehacktes Ei auf Brot**
Ein hartgekochtes Ei und eine Handvoll Feldsalat hacken. Mit Salz und Pfeffer würzen. Auf eine Scheibe Vollkornbrot einige Salatblätter legen und die Mischung darauf verteilen.

# Donnerstag

ZUTATEN
100 g Hühnerleber,
1 Scheibe
Knäckebrot,
1 Eßl. Müsli,
1 Scheibe
Vollkornbrot,
100 g Dickmilch
(1,5 %),
1 Becher Mager-
milchjoghurt,
2 Eßl. Magerquark,
1/2 Ecke Schmelz-
käse (20 %),
2 Teel. Butter o.
Margarine,
125 g gek. Nudeln,
40 g Feldsalat,
1/2 mittelgroße
Paprikaschote,
1 großer Apfel,
2 mittelgroße
Kiwis,
Zitronensaft,
getr. Majoran,
Pfeffer, Salz,
Süßstoff, Zimt

FRÜHSTÜCK **Apfelcreme mit Zimt**

Zwei Eßlöffel Magerquark und 100 Gramm Dick-milch verquirlen, mit Zimt und Süßstoff würzen. Einen halben Apfel in kleine Stücke schneiden und unterheben. Dazu: eine Scheibe Knäckebrot mit einem Teelöffel Butter oder Margarine.

EXTRA **Joghurt mit Müsli**

Einen Becher Magermilchjoghurt mit einem Eßlöffel Müsli und einigen Tropfen Süßstoff verrühren.

MITTAG **Geflügelleber mit Nudeln**

100 Gramm Geflügelleber* in Stücke, einen halben Apfel in Spalten schneiden. Einen Teelöffel Butter oder Margarine in einer beschichteten Pfanne erhitzen und die Leber- und Apfelstückchen auf beiden Seiten braun braten. Mit Salz, Pfeffer und Majoran würzen und auf einen Teller legen. 125 Gramm (am Dienstag) gekochte Nudeln kurz in der Pfanne erwärmen und neben der Leber anrichten. Salat: 40 Gramm Feldsalat in einer Soße aus Zitronensaft, Salz und Süßstoff eine Weile ziehen lassen.

EXTRA **Zwei mittelgroße Kiwis**

ABEND **Schmelzkäsebrot mit Paprikaschote**

Eine Scheibe Vollkornbrot mit einer halben Ecke Schmelzkäse (20 % Fett) bestreichen. Eine halbe Paprikaschote in kleine Würfel schneiden und auf dem Brot verteilen.

**\*TIP:** Braten Sie 50 Gramm Geflügelleber für morgen mit.

# Freitag

### FRÜHSTÜCK **Radieschenbrot und Grapefruit**
Eine halbe Scheibe Vollkornbrot mit zwei Eßlöffel
Magerquark bestreichen. Einige Radieschen von
einem Bund in Scheiben schneiden und darauf
verteilen. Mit Salz und Pfeffer würzen. Die restlichen Radieschen dazu essen. Hinterher gibt es
eine halbe Grapefruit mit Süßstoff.

### EXTRA **Eine mittelgroße Birne**

### MITTAG **Süß-saure Fischspieße**
30 Gramm Reis* in Salzwasser körnig kochen.
200 Gramm Kabeljaufilet in große Würfel teilen
und mit Zitronensaft beträufeln. Eine halbe
Paprikaschote und eine Zwiebel in Stücke, eine
Tomate in Viertel schneiden. Auf vier Holzspieße
abwechselnd Fisch und Gemüse aufreihen. Mit
Salz und etwas Cayennepfeffer würzen. Einen
halben Teelöffel Butter oder Margarine in einer
beschichteten Pfanne erhitzen, die Spieße rundherum scharf anbraten und herausnehmen. Eine
halbe Tasse Wasser in die Pfanne gießen, eine in
dünne Streifen geschnittene Zwiebel, vier Teelöffel
Tomatenmark, zwei Teelöffel Tomatenketchup und
einen halben Teelöffel Honig zugeben und
verrühren. Die Fischspieße in die Pfanne zurückgeben und in fünf Minuten bei schwacher Hitze
fertiggaren. Den Reis mit Petersilie mischen. Salat:
Eine Portion Kopfsalat mit einer Soße aus
Zitronensaft, Salz und Süßstoff zubereiten.

### EXTRA **Joghurt mit Müsli**
Einen Becher Magermilchjoghurt mit einem
Eßlöffel Müsli und einigen Tropfen Süßstoff
verrühren.

**\*TIP:** Kochen Sie zwei Eßlöffel Reis (30 Gramm) für morgen mit.

## ABEND Gebratene Geflügelleber auf Brot

Eine Scheibe Vollkornbrot mit einem Teelöffel Salatcreme bestreichen. Einige Salatblätter darauflegen. 50 Gramm (am Donnerstag) gebratene Geflügelleber in dünne Scheiben schneiden und auf dem Brot verteilen. Mit Salz, Pfeffer und Schnittlauch bestreuen.

ZUTATEN
50 g gebr. Hühnerleber, 200 g Kabeljaufilet, 1 Eßl. Müsli, 1 1/2 Scheiben Vollkornbrot, 1 Becher Magermilchjoghurt, 1 Eßl. Magerquark, 1/2 Teel. Butter o. Margarine, 1 Teel. Salatcreme, 2 Teel. Tomatenketchup, 4 Teel. Tomatenmark, 2 Eßl. Reis, 1/2 Teel. Honig, 120 g Kopfsalat, 1/2 mittelgroße Paprikaschote, 1 Bund Radieschen, 1 kleine Tomate, 2 kleine Zwiebeln, Petersilie, Schnittlauch, 1 mittelgroße Birne, 1/2 mittelgroße Grapfruit, Zitronensaft, Cayennepfeffer, Pfeffer, Salz, Süßstoff

**Süß-saure Fischspieße**

# Samstag

### FRÜHSTÜCK **Ei und Schinkenbrot**

Ein Ei wachsweich kochen. Eine Scheibe Knäcke-
brot mit einem Teelöffel Salatcreme bestreichen.
Einige Salatblätter und eine Scheibe gekochten
Schinken darauflegen. Eine Tomate in Scheiben
schneiden und auf dem Brot verteilen. Mit Salz,
Pfeffer und Schnittlauch würzen.

### EXTRA **Honigschnitte**

Eine Scheibe Flachknäcke mit einem Teelöffel
Crème fraîche bestreichen. Mit einem Teelöffel
Honig beträufeln und mit einem Teelöffel gehack-
ten Haselnüssen bestreuen.

**Chinesischer Reis mit Porree**

## MITTAG Chinesischer Reis mit Porree

Eine Stange Porree in feine Ringe und zwei Scheiben gekochten Schinken in Stücke schneiden. Einen Teelöffel Butter oder Margarine in einer beschichteten Pfanne erhitzen. Zuerst den Schinken, dann die Porreeringe zugeben und drei Minuten braten, dann aus der Pfanne nehmen. Vier Eßlöffel (am Freitag) gekochten Reis in der Pfanne braten. Ein Ei mit Salz und Pfeffer verquirlen, über den Reis gießen und unter ständigem Rühren stocken lassen, bis er krümelig ist. Porreeringe und Schinkenstreifen wieder in die Pfanne zurückgeben, kurz erwärmen und mit Sojasoße würzen.

## EXTRA Grapefruit mit Kirschwassersahne

Das Fruchtfleisch von einer halben Grapefruit herauslösen, in Stücke schneiden und in ein Glasschälchen legen. Mit Süßstoff beträufeln. Zwei Teelöffel Crème fraîche mit einem Teelöffel Kirschwasser (für Kinder weglassen) verrühren und auf die Grapefruit geben.

## ABEND Überbackener Porree mit Schinken

Eine Stange Porree putzen und in zwei Stücke schneiden. In Salzwasser mit Essig und Süßstoff fünf Minuten kochen und abtropfen lassen. Jedes Stück in eine Scheibe Schinken wickeln und in eine ofenfeste Form legen. In einem kleinen Pfännchen eine halbe Ecke Schmelzkäse (20 % Fett) zusammen mit zwei Eßlöffel Weißwein (oder Wasser) schmelzen, über den Porree gießen. Zehn Minuten bei 200 Grad/Gas Stufe 3 goldbraun überbacken.

ZUTATEN
100 g gek. Schinken, 2 Eier
1 Scheibe Knäckebrot,
1 Scheibe Flachknäcke,
3 Teel. Crème fraîche,
1/2 Ecke Schmelzkäse (20 %),
1 Teel. Butter o. Margarine,
1 Teel. Salatcreme,
4 Eßl. gek. Reis,
1 Teel. Honig,
1 Teel. Haselnüsse,
einige Salatblätter,
2 Stangen Porree,
1 kleine Tomate,
Schnittlauch,
1 mittelgroße Grapefruit, Essig,
Pfeffer, Salz,
Sojasoße, Süßstoff,
2 Eßl. Weißwein

**Grapefruit mit Kirschwassersahne**

# 5.Woche

Nach einem sicherlich erfolgreichen Start purzeln
die Pfunde nun etwas langsamer. Aber mit ein bis
zwei Kilo pro Woche können Sie auch nach den
ersten vier Wochen rechnen. Bleiben Sie zunächst
noch bei der Idealdiät – nur so lernen Sie, sich
auch in Zukunft vernünftig zu ernähren. Achten
Sie einmal ganz bewußt auf die Art der Zutaten,
die Sie verwenden dürfen, auf die Zubereitungs-
weise und auf die Größe der Portionen. Das hilft
Ihnen, Ihren Ernährungsfehlern auf die Spur zu
kommen und auch später – ohne strenge Diät – fit
und in Form zu bleiben. Übrigens, am Donnerstag
gibt es einen Bohneneintopf. Zwei Möglichkeiten
haben Sie: ihn schnell zuzubereiten – oder aber
Sie nehmen sich die Zeit und bereiten das Gericht
nach Großmütter Sitte zu und nicht aus der Dose.

# Einkauf – 5. Woche

| Bezeichnung | SO | MO | DI | MI | DO | FR | SA |
|---|---|---|---|---|---|---|---|
| Rumpsteak (Gramm) | 125 | 25 | | | | | |
| Forelle (1 mittelgr. = 200 Gramm) | | | | | | 200 | |
| Corned beef (1 Scheibe = 20 Gramm) | | | | | 40 | 20 | 40 |
| gek. Schinken (1 Scheibe = 20 Gramm) | | | 60 | 20 | 20 | | |
| Eier (Handelsklasse 4) | 1 | 2 | | 1 | | | 1 |
| Vollkornbrot (1 Scheibe = 50 Gramm) | 50 | 50 | 50 | 100 | 50 | 50 | |
| körniger Frischkäse (1 Becher = 200 Gramm) | 50 | 150 | | | | | |
| Magermilchjoghurt (1 Becher = 150 Gramm) | | | 150 | 150 | 150 | | |
| Magerquark (1 Becher = 250 Gramm) | | | | 50 | | 100 | 100 |
| Schnittkäse (45 %) (1 Scheibe = 20 Gramm) | | | 20 | 40 | 20 | | 20 |
| Blumenkohl (1 kleiner = 300 Gramm) | 100 | | 200 | | | | |
| Champignons (Gramm) | 200 | 50 | | 50 | | | 50 |
| Feldsalat (Gramm) | | 100 | | | | | 150 |
| Kopfsalat (1 Kopf = 200 Gramm) | 100 | 20 | 20 | 120 | 20 | 120 | |
| Möhren (1 große = 125 Gramm) | | 250 | | | | | |
| Paprikaschoten (1 mittelgr. = 150 Gramm) | | | | | | 300 | |
| Radieschen (1 Bund = 100 Gramm) | 200 | | | | | | 100 |
| Tomaten (1 kleine = 50 Gramm) | | 100 | 150 | | | 50 | 50 |
| Weiße Bohnen (1 mittelgr. Dose = 500 Gramm) | | | | | 300 | | 200 |
| Petersilie | X | X | X | X | X | X | X |
| Schnittlauch | X | X | | X | X | X | X |
| Äpfel (1 großer = 150 Gramm) | | 150 | | | 150 | | |
| Banane (1 kleine = 100 Gramm) | | | | 100 | | | |
| Birnen (1 mittelgr. = 175 Gramm) | 175 | | | | 175 | | |
| TK-Erdbeeren (1 Paket = 250 Gramm) | | | | | | | 250 |
| TK-Himbeeren (1 Paket = 250 Gramm) | 125 | 125 | | | | | |
| Kiwi (1 mittelgr. = 100 Gramm) | | | | | | | 100 |
| Orangen (1 mittelgr. = 200 Gramm) | | | 200 | | | 200 | |

# Sonntag

### FRÜHSTÜCK Ei mit Radieschenbrot

Ein Ei wachsweich kochen. Dazu gibt es eine halbe Scheibe Vollkornbrot mit einem Teelöffel Butter und ein Bund Radieschen.

### EXTRA Körniger Frischkäse mit Birne

Zwei Eßlöffel körnigen Frischkäse mit Zitronensaft, Süßstoff und Zimt verrühren. Eine halbe Birne kleinschneiden und darauf verteilen.

### MITTAG Rumpsteak mit Blumenkohl und Salat

Eine Kartoffel* und 100 Gramm Blumenkohl* bißfest kochen. Zwei Zwiebeln in feine Ringe schneiden und in einer beschichteten Pfanne in einem Teelöffel Butter oder Margarine goldgelb braten. An den Pfannenrand schieben. Hitze erhöhen. 125 Gramm Rumpsteak* auf jeder Seite drei Minuten braten, mit Salz und Pfeffer würzen, die Zwiebelringe darauflegen und das Steak warm stellen. Einen halben Eßlöffel Semmelbrösel in der heißen Pfanne rösten, den Blumenkohl darin wälzen und zusammen mit der Pellkartoffel neben dem Steak anrichten. Salat: Eine Portion Kopfsalat zerpflücken und ein Bund Radieschen in Scheiben schneiden. In einer Soße aus Zitronensaft, Salz, Pfeffer, Süßstoff und Schnittlauch ziehen lassen.

**\*TIP:** Zwei Kartoffeln und 200 Gramm Blumenkohl für die nächsten Tage mitkochen. Braten Sie heute 150 Gramm Rumpsteak. Heben Sie davon 25 Gramm und einige Zwiebelringe für das Abendessen am Montag auf.

### `EXTRA` **Birne mit Himbeermus**

Eine halbe Birne schälen und in wenig Wasser mit Süßstoff dünsten. 125 Gramm Himbeeren pürieren und über die Birnenhälfte gießen.

### `ABEND` **Marinierte Champignons**

Dieses Gericht sollten Sie zwei bis drei Stunden vor dem Essen zubereiten. 200 Gramm Champignons putzen, aber nicht kleinschneiden. Einen Teelöffel Butter oder Margarine in einer beschichteten Pfanne zerlassen, die Champignons kurz darin schwenken und mit Zitronensaft beträufeln. Eine zerdrückte Knoblauchzehe, Salz, Pfeffer, Piment, ein Lorbeerblatt und eine knappe halbe Tasse Weißwein zugeben. Kurz aufkochen, abkühlen lassen und zwei bis drei Stunden in den Kühlschrank stellen. Mit Petersilie bestreuen. Dazu gibt es eine halbe Scheibe Vollkornbrot.

# Montag

**FRÜHSTÜCK** **Frischkäse mit Himbeeren**
Einen dreiviertel Becher körnigen Frischkäse mit
Zitronensaft und Süßstoff verrühren. 125 Gramm
Himbeeren darüber verteilen.

**EXTRA** **Ein großer Apfel**

**MITTAG** **Bratkartoffeln mit Spiegeleiern**
Eine Zwiebel würfeln, zwei (am Sonntag)
gekochte Kartoffeln in Scheiben schneiden. Einen
halben Teelöffel Butter oder Margarine in einer
beschichteten Pfanne erhitzen. Die Zwiebeln darin
bräunen, dann die Kartoffelscheiben zugeben und
goldbraun braten. Mit Salz und Pfeffer würzen und
auf einen vorgewärmten Teller legen. Zwei
Spiegeleier braten, darauflegen und mit Salz
würzen. Zwei Tomaten vierteln und um die Bratkartoffeln legen, mit Salz, Pfeffer und Schnittlauch
bestreuen. Salat: 100 Gramm geputzten Feldsalat
und 50 Gramm Champignons mischen und in
einer Soße aus Essig, Salz, Pfeffer, Süßstoff, einer
gewürfelten Zwiebel und Petersilie ziehen lassen.

ZUTATEN
25 g gebr. Rump-
steak, 2 Eier,
1 Scheibe
Volkornbrot,
3/4 Becher
körniger
Frischkäse,
1/2 Teel. Butter o.
Margarine,
1 Teel. Salatcreme,
50 g
Champignons,
100 g Feldsalat,
2 gekochte
Kartoffeln,
einige Salatblätter,
2 große Möhren,
2 kleine Tomaten,
3 kleine Zwiebeln,
Petersilie,
Schnittlauch,
1 großer Apfel,
1/2 Paket
TK-Himbeeren,
Zitronensaft, Essig,
Pfeffer, Salz,
Süßstoff

ABEND **Brot mit kaltem Braten**
Eine Scheibe Vollkornbrot mit einem Teelöffel
Salatcreme bestreichen. Einige Salatblätter darauflegen. 25 Gramm (am Sonntag) gebratenes Rumpsteak in dünne Scheiben schneiden und zusammen mit einigen gebratenen Zwiebelringen auf
dem Brot verteilen. Mit Salz und Pfeffer würzen.

# Dienstag

**ZUTATEN**
3 Scheiben gek.
Schinken,
2 Scheiben
Flachknäcke,
1 Eßl. Müsli,
1/2 Eßl. Semmel-
brösel, 1 Scheibe
Vollkornbrot,
1 Becher Mager-
milchjoghurt,
1 Scheibe Schnitt-
käse (45 %),
3 Teel. Butter o.
Margarine,
1 Teel. Salatcreme,
10 Eßl.
Instant-Kartoffel-
püreeflocken,
200 g gek.
Blumenkohl,
einige Salatblätter,
3 kleine Tomaten,
Petersilie, 1 mittel-
große Orange,
Zitronensaft,
Muskat, Pfeffer,
Salz, Süßstoff

### FRÜHSTÜCK **Knäckebrot mit Käse und Tomate**

Zwei Scheiben Flachknäcke mit je einem Teelöffel Butter oder Margarine bestreichen. Eine Scheibe Käse (45 % Fett) halbieren und auf den Broten verteilen. Dazu: eine geviertelte Tomate mit Salz, Pfeffer und Petersilie.

### EXTRA **Joghurt mit Müsli**

Einen Becher Magermilchjoghurt mit einem Eßlöffel Müsli und einigen Tropfen Süßstoff verrühren.

### MITTAG **Blumenkohlauflauf**

Zwei Tassen kochendes Wasser mit zehn Eßlöffel Instant-Kartoffelpüree, Petersilie und Muskat verrühren. Eine Schicht Kartoffelpüree in eine ofenfeste Form füllen. 200 Gramm (am Sonntag) gekochte Blumenkohlröschen und zwei Scheiben gewürfelten Schinken darauf verteilen. Mit Zitronensaft beträufeln. Alles mit dem restlichen Kartoffelpüree abdecken. Einen halben Eßlöffel Semmelbrösel und einen Teelöffel Butterflöckchen darüberstreuen. 20 Minuten bei 200 Grad/Gas Stufe 3 goldbraun überbacken.

### EXTRA **Eine mittelgroße Orange**

### ABEND **Schinkenbrot mit Tomate**

Eine Scheibe Vollkornbrot mit einem Teelöffel Salatcreme bestreichen. Einige Salatblätter und eine Scheibe gekochten Schinken darauflegen. Mit frisch gemahlenem Pfeffer würzen. Dazu gibt es zwei Tomaten.

# Mittwoch

**FRÜHSTÜCK** **Quarkbrot mit Honig**

Eine Scheibe Vollkornbrot mit zwei Eßlöffel Magerquark bestreichen und mit zwei Teelöffel Honig beträufeln.

**EXTRA** **Eine kleine Banane**

**MITTAG** **Käsenudeln**

50 Gramm Nudeln oder Spätzle in Salzwasser bißfest kochen. Eine Scheibe gekochten Schinken und eine kleine Zwiebel würfeln. 50 Gramm Champignons in Scheiben schneiden. Die Schinkenwürfel in einer beschichteten Pfanne glasig werden lassen, die Zwiebeln und Champignons zugeben und alles zusammen noch drei Minuten braten. Mit Salz, Pfeffer und Zitronensaft würzen und mit den Nudeln mischen. Zwei Scheiben Käse (45 % Fett) würfeln, darüberstreuen und zugedeckt auf schwacher Hitze erwärmen, bis der Käse geschmolzen ist. Mit Petersilie bestreuen. Salat: Eine Portion Kopfsalat zerpflücken und in einer Soße aus Zitronensaft, Salz, Pfeffer und Süßstoff ziehen lassen.

**EXTRA** **Joghurt mit Müsli**

Einen Becher Magermilchjoghurt mit einem Eßlöffel Müsli und einigen Tropfen Süßstoff verrühren.

**ABEND** **Brot mit Schnittlauchei**

Eine Scheibe Vollkornbrot mit einem Teelöffel Senf bestreichen und einige Salatblätter darauflegen. Ein hartgekochtes Ei hacken, mit Schnittlauch und Salz mischen und auf dem Brot verteilen.

---

ZUTATEN
1 Scheibe gek. Schinken, 1 Ei, 1 Eßl. Müsli, 2 Scheiben Vollkornbrot, 1 Becher Magermilchjoghurt, 2 Eßl. Magerquark, 2 Scheiben Schnittkäse (45 %), 1 Teel. Senf, 50 g Nudeln, 2 Teel. Honig, 50 g Champignons, 120 g Salatblätter, 1 kleine Zwiebel, Petersilie, Schnittlauch, 1 kleine Banane, Zitronensaft, Pfeffer, Salz, Süßstoff

---

Käsenude

# Donnerstag

### FRÜHSTÜCK Knäckebrot mit Schinken

Eine Scheibe Knäckebrot mit einem Teelöffel Salatcreme bestreichen. Eine Scheibe gekochten Schinken darauflegen. Hinterher gibt es einen großen Apfel.

ZUTATEN
2 Scheiben Corned beef,
1 Scheibe gek. Schinken,
1 Scheibe Knäcke-brot, 1 Eßl. Müsli,
1 Scheibe Vollkorn-brot, 1 Becher Magermilch-joghurt, 1 Scheibe Schnittkäse (45 %),
2 Teel. Salatcreme,
1 Teel. Senf,
1 Tasse Brühe,
1 mittelgroße Kartoffel, einige Salatblätter,
300 g weiße Bohnen (Dose) oder 75 g getr. weiße Bohnen, Petersilie, Schnittlauch,
1 großer Apfel,
1 mittelgroße Birne, Essig, getr. Majoran, Pfeffer, Salz, Süßstoff

### EXTRA Joghurt mit Müsli

Einen Becher Magermilchjoghurt mit einem Eßlöffel Müsli und einigen Tropfen Süßstoff verrühren.

**Weißer Bohneneintopf**

Eine Tasse Brühe erhitzen. Eine Kartoffel schälen, in große Würfel schneiden und in der Brühe weich kochen. Zwei Scheiben Corned beef kleinschneiden und zusammen mit 300 Gramm weißen Bohnen (zwei Drittel einer Dose) zugeben. Erhitzen und mit Majoran, Salz, Pfeffer, Süßstoff und Essig abschmecken. Mit gehackter Petersilie bestreuen.

EXTRA **Eine mittelgroße Birne**

ABEND **Käsebrot**

Eine Scheibe Vollkornbrot mit einem Teelöffel Salatcreme bestreichen. Einige Salatblätter und eine Scheibe Käse (45 % Fett) darauflegen. Mit einem Teelöffel Senf bestreichen und mit Schnittlauch bestreuen.

---

**\*TIP:** Wer keine Dosenbohnen verwenden mag, kann diesen Eintopf und den Bohnensalat am Samstag auch aus 125 Gramm getrockneten weißen Bohnen herstellen. Sie müssen am Abend vorher eingeweicht werden.
Die Kochzeit beträgt dann etwa zwei Stunden!

---

# Freitag

**FRÜHSTÜCK Rosinenquark**

100 Gramm Magerquark mit zwei Teelöffel Crème fraîche, einem Teelöffel Honig, abgeriebener Zitronenschale und Zitronensaft verrühren. Zwei Teelöffel Rosinen und einen Teelöffel gehackte Haselnüsse unterheben.

**EXTRA Eine mittelgroße Orange**

**MITTAG Forelle in Folie und Salat**

Zwei Kartoffeln* als Pellkartoffeln kochen. Eine ausgenommene Forelle abspülen, außen mit Salz abreiben und mit viel Zitronensaft beträufeln. Auf ein Stück Alufolie legen. Die Innenseite mit Salz und Pfeffer bestreuen, mit den Scheiben einer Tomate, dünnen Zitronenscheiben und viel Petersilie füllen. Mit vier Eßlöffel Weißwein (oder Brühe) beträufeln und die Folie gut verschließen. Im Backofen bei 200 Grad/Gas Stufe 3 etwa 30 Minuten garen. Salat: Eine Portion Kopfsalat zerpflücken und mit einer Soße aus Essig, Salz, Pfeffer, Süßstoff und Schnittlauch übergießen.

**EXTRA Zwei mittelgroße Paprikaschoten**

**ABEND Vollkornbrot mit Corned beef**

Eine Scheibe Vollkornbrot mit einem Teelöffel Salatcreme bestreichen. Einige Salatblätter und eine Scheibe Corned beef darauflegen. Eine Gewürzgurke in Scheiben schneiden und auf dem Brot verteilen. Mit Petersilie bestreuen.

**ZUTATEN**
1 mittelgroße Forelle, 1 Scheibe Corned beef, 1 Scheibe Vollkornbrot, 2 Teel. Crème fraîche, 100 g Magerquark, 1 Teel. Salatcreme, 1 Teel. Honig, 1 Teel. Haselnüsse, 2 Teel. Rosinen, 1 kleine Gewürzgurke, 2 mittelgroße Kartoffeln, 120 g Kopfsalat, 2 mittelgroße Paprikaschoten, 1 kleine Tomate, Petersilie, Schnittlauch, 1 mittelgroße Orange, Zitrone, Essig, Pfeffer, Salz, Süßstoff, 4 Eßl. Weißwein

**\*TIP:** Kochen Sie heute drei Kartoffeln für morgen mit.

Forelle in Fol

# Samstag

### FRÜHSTÜCK Ei und Knäckebrote

Ein Ei wachsweich kochen. Dazu gibt es zwei
Scheiben Flachknäcke mit einem Teelöffel Butter
oder Margarine. Auf ein Brot kommen die Scheiben einer Tomate mit Salz, Pfeffer und Petersilie,
auf das andere die Scheiben von einer halben
Kiwi.

### EXTRA Kiwiquark

100 Gramm Magerquark mit etwas Mineralwasser,
Zitronenschale, Zitronensaft und Süßstoff cremig
rühren. Eine halbe Kiwi kleinschneiden und
unterheben.

### MITTAG Kartoffelgratin und Salat

Drei (am Freitag) gekochte Kartoffeln in Scheiben,
zwei Scheiben Corned beef und eine Scheibe Käse
(45 % Fett) in Würfel schneiden. Die Kartoffelscheiben und das Corned beef in eine ofenfeste
Form schichten und mit Majoran bestreuen. Eine
halbe Tasse heiße Brühe (Instant) mit dem Käse
verquirlen und über die Kartoffeln gießen. Im
Backofen 20 Minuten bei 200 Grad/Gas Stufe 3
überbacken. Mit Schnittlauch bestreuen. Salat:
100 Gramm geputzten Feldsalat, ein Bund
halbierte Radieschen und 50 Gramm in Scheiben
geschnittene Champignons auf einem Teller ausbreiten. Mit einer Soße aus einer fein gehackten
Zwiebel, Essig, Salz, Pfeffer und Süßstoff übergießen.

### EXTRA Erdbeeren

Ein Paket tiefgekühlte Erdbeeren auftauen lassen
und mit Süßstoff beträufeln.

**Zutaten für Kartoffelgratin und Salat**

ZUTATEN
2 Scheiben Corned beef, 1 Ei,
2 Scheiben Flachknäcke,
100 g Magerquark,
1 Scheibe Schnittkäse (45%),
1 Teel. Butter o. Margarine,
1/2 Tasse Brühe (Instant), 50 g Champignons,
150 g Feldsalat,
3 gekochte Kartoffeln, 1 Bund Radieschen,
1 kleine Tomate,
200 g weiße Bohnen (Dose),
2 kleine Zwiebeln, Petersilie, Schnittlauch,
1 Paket TK-Erdbeeren,
1 mittelgroße Kiwi, Zitrone,
Essig,
getr. Majoran, Pfeffer, Salz, Süßstoff, Mineralwasser

ABEND **Bohnensalat**

Dieses Gericht sollten Sie ein bis zwei Stunden vor dem Essen zubereiten. 200 Gramm weiße Bohnen (Dose)* gut abtropfen lassen. Eine Zwiebel in feine Streifen schneiden. Bohnen, Zwiebeln und 50 Gramm geputzten Feldsalat mischen und in einer Soße aus Essig, Salz, Pfeffer, Süßstoff und gehackter Petersilie ein bis zwei Stunden ziehen lassen.

---

**\*TIP:** Statt der Dosenbohnen können Sie auch 50 Gramm getrocknete Bohnen verwenden. Die sollten Sie dann mit dem Bohnengericht am Donnerstag vorbereiten (siehe Seite 89).

---

# 6.Woche

Auch in dieser Woche werden Ihnen wieder Gerichte begegnen, die Ihnen bekannt vorkommen, die Sie aber vermutlich nicht für Schlankmacher gehalten haben. Es stehen zum Beispiel zwei verschiedene Weißkohlgerichte auf dem Programm: einmal als Eintopf und am Sonnabend als süß-saures Gemüse zum Cevapcici.

# Einkauf – 6. Woche

| Bezeichnung | SO · | MO · | DI · | MI · | DO · | FR · | SA |
|---|---|---|---|---|---|---|---|
| Beefsteakhack (Gramm) | | | | | | 50 | 150 |
| Kalbsleber (Gramm) | 150 | 50 | | | | | |
| mageres Rindfleisch (Gramm) | | | | 100 | | | |
| Thunfisch natur (1 Dose = 150 Gramm) | | | | | 30 | 60 | 60 |
| Rindfleischsülze (1 Scheibe = 20 Gramm) | | | 20 | 20 | 60 | | |
| Eier (Handelsklasse 4) | 1 | 2 | | | | | 1 |
| Vollkornbrot (1 Scheibe = 50 Gramm) | 50 | 100 | 50 | 50 | 50 | 50 | 50 |
| Buttermilch (1 Becher = 500 Gramm) | | | 200 | | 300 | | |
| Magermilchjoghurt (1 Becher = 150 Gramm) | | | 150 | 150 | 150 | | |
| Magerquark (1 Becher = 250 Gramm) | | 50 | | 50 | 50 | 100 | |
| Schmelzkäse (20 %) (1 Ecke = 62,5 Gramm) | | | 30 | | 30 | | |
| Blattspinat (Gramm) | 300 | 150 | | | | | |
| Kopfsalat (1 Kopf = 200 Gramm) | | | 120 | 20 | 120 | 40 | 100 |
| Möhren (1 große = 125 Gramm) | | | 250 | | | | |
| Paprikaschote (1 mittelgr. = 150 Gramm) | | | | | | 150 | |
| Radieschen (1 Bund = 100 Gramm) | | | 100 | | | | |
| Staudensellerie (1 Bund = 400 Gramm) | | | | | 100 | 200 | 100 |
| Tomaten (1 kleine = 50 Gramm) | | | | | | 150 | 200 |
| Weißkohl (1 kleiner = 400 Gramm) | | | | 200 | | | 200 |
| Basilikum | | | | | | X | |
| Dill | | | | | X | | |
| Kresse | | | | | | X | X |
| Petersilie | X | X | X | X | | | X |
| Salbei | X | | | | | | |
| Schnittlauch | | | X | X | | X | X |
| Apfel (1 großer = 150 Gramm) | | | | 150 | | | |
| Banane (1 kleine = 100 Gramm) | | | | | | 100 | |
| Birne (1 mittelgr. = 175 Gramm) | | | | | 175 | | |
| TK-Heidelbeeren (1 Paket = 300 Gramm) | 300 | | | | | | |
| TK-Himbeeren (1 Paket = 250 Gramm) | | | | | | 125 | 125 |
| Kiwis (1 mittelgr. = 100 Gramm) | | | 100 | 200 | | | |
| Orange (1 mittelgr. = 200 Gramm) | | 200 | | | | | |

# Sonntag

### FRÜHSTÜCK Omelett mit Heidelbeeren

Ein halbes Paket tiefgekühlte Heidelbeeren auftauen lassen und mit Süßstoff beträufeln. Ein Ei mit
etwas Salz und Mineralwasser verquirlen und in
eine beschichtete Pfanne gießen. Bei schwacher
Hitze braten, bis auch die Oberseite fast trocken ist.
Die Heidelbeeren auf dem Omelett verteilen und
kurz mit erwärmen. Das Omelett zusammenklappen und auf einen Teller gleiten lassen.

ZUTATEN
150 g Kalbsleber,
1 Ei, 1 Scheibe
Vollkornbrot,
1 Teel. Butter o.
Margarine,
3 Teel. Öl,
2 Eßl. Reis,
300 g Blattspinat,
2 Knoblauch-
zehen, Petersilie,
Salbei, 1 Paket
TK-Heidelbeeren,
Muskat, Pfeffer,
Salz, Süßstoff,
Mineralwasser

### EXTRA Kräuterbrot

Eine halbe Scheibe Vollkornbrot mit einem Teelöffel Butter oder Margarine bestreichen und mit
gehackter Petersilie bestreuen.

### MITTAG Leber mit Salbei

Zwei Eßlöffel Reis* in Salzwasser körnig kochen.
Eine beschichtete Pfanne erhitzen und 150 Gramm
geputzten und gewaschenen Spinat* darin kurz
erwärmen. Das Gemüsewasser verdunsten lassen.
Eine zerdrückte Knoblauchzehe und einen Teelöffel Öl zugeben, den Spinat darin schwenken.
Mit Salz und Pfeffer würzen und auf einen
vorgewärmten Teller legen. 150 Gramm dünn
geschnittene Kalbsleber* in die Pfanne legen und
auf beiden Seiten zusammen mit einigen Salbeiblättchen braten. Mit Salz und Pfeffer würzen und
mit den Salbeiblättchen neben dem Spinat und
dem Reis anrichten.

**Spinatsalat mit Croutons**

## EXTRA **Heidelbeeren**
Ein halbes Paket tiefgekühlte Heidelbeeren
auftauen lassen und in einem Glasschälchen
anrichten. Mit Süßstoff beträufeln.

## ABEND **Spinatsalat mit Croutons**
150 Gramm geputzten und gewaschenen Spinat in
einer beschichteten Pfanne kurz erhitzen. Das
Gemüsewasser verdunsten lassen. In zwei Teelöffel
Öl wenden, mit Salz, Pfeffer und Muskat würzen.
Den Spinat auf einem Teller ausbreiten. Die Pfanne
mit einer Knoblauchzehe ausreiben. Eine halbe
Scheibe Vollkornbrot in kleine Würfel schneiden
und in der heißen Pfanne unter häufigem Rütteln
knusprig rösten. Die Brotwürfel auf dem Spinat
verteilen.

---

**\*TIP:** Garen Sie zwei Eßlöffel Reis und 50 Gramm Leber mehr mit,
und putzen Sie bei der Gelegenheit auch 300 Gramm Spinat für
heute abend und morgen mit.

---

# Montag

**FRÜHSTÜCK** **Quarkbrot mit Kiwi**

Eine Scheibe Vollkornbrot mit zwei Eßlöffel Magerquark bestreichen. Mit Salz, Pfeffer und Petersilie
bestreuen. Hinterher gibt es eine Kiwi.

**EXTRA** **Eine mittelgroße Orange**

**MITTAG** **Spinatreis mit pochierten Eiern**

Vier Eßlöffel (am Sonntag) gekochten Reis in einer
beschichteten Pfanne kurz rösten. 150 Gramm
geputzten Blattspinat* grob hacken, nach und nach
in die Pfanne geben und zusammenfallen lassen.
Mit Salz und Pfeffer würzen. In einem Topf Wasser
mit einem Schuß Essig erhitzen. Zwei Eier aufschlagen und jedes in einer Tasse in das siedendheiße Essigwasser gleiten lassen. Vier Minuten
kochen, mit einer Schöpfkelle herausnehmen und
auf den Spinatreis legen. In einer kleinen beschichteten Pfanne zwei Teelöffel Senf und drei Teelöffel
Crème fraîche verrühren, kurz erwärmen und die
Soße über die Eier gießen.

**\*TIP:** Einige rohe Spinatblätter für das Brot am Abend aufheben.

**Joghurt mit Müsli**
Einen Becher Magermilchjoghurt mit einem
Eßlöffel Müsli und einigen Tropfen Süßstoff
verrühren.

ABEND **Brot mit gebratener Leber**
Eine Scheibe Vollkornbrot mit einem Teelöffel
Salatcreme bestreichen. Einige Spinatblätter und
50 Gramm (am Sonntag) gebratene Kalbsleber in
dünne Scheiben schneiden und darauf verteilen.
Mit Salz, Pfeffer und Schnittlauch bestreuen.

ZUTATEN
50 g gebr. Kalbs-
leber, 2 Eier,
1 Eßl. Müsli,
1 Scheibe
Vollkornbrot,
3 Teel. Crème
fraîche,
1 Becher Mager-
milchjoghurt,
2 Eßl. Magerquark,
1 Teel. Salatcreme,
2 Teel. Senf,
4 Eßl. gek. Reis,
150 g Blattspinat,
Petersilie,
Schnittlauch,
1 mittelgroße Kiwi,
1 mittelgroße
Orange, Essig,
Pfeffer, Salz,
Süßstoff

**Spinatreis mit pochierten Eiern**

99

# Dienstag

### FRÜHSTÜCK Knäckebrote mit Sülze

Zwei Scheiben Knäckebrot mit zwei Salatcreme bestreichen. Eine Scheibe Rindfleischsülze halbieren und auf die Brote legen. Mit Petersilie bestreuen. Dazu: ein Glas Buttermilch.

### EXTRA Joghurt mit Müsli

Einen Becher Magermilchjoghurt mit einem Eßlöffel Müsli und einigen Tropfen Süßstoff verrühren.

**Gefüllte Kartoffel**

**MITTAG** **Gefüllte Kartoffeln und Salat**

Drei Kartoffeln* gründlich bürsten und mit Schale in Salzwasser kochen. Eine Zwiebel hacken, eine Knoblauchzehe zerdrücken und beides in vier Eßlöffel Essig und zwei Teelöffel Öl fünf Minuten köcheln lassen. Zwei Teelöffel Senf hineinrühren. Eine Rostbratwurst würfeln und in einer beschichteten Pfanne knusprig braten, auf Küchenkrepp abtropfen lassen und in die Zwiebelmasse geben. Die Kartoffeln halbieren, mit einem Teelöffel aushöhlen, die Kartoffelhälften in eine ofenfeste Form legen. Das Kartoffelinnere mit der Zwiebelmasse gut mischen, mit Salz, Pfeffer und viel Schnittlauch vermengen und in die Kartoffelhälften füllen. Im Backofen 15 Minuten bei 200 Grad/Gas Stufe 3 überbacken. Salat: Eine Portion Kopfsalat mit einer Soße aus Zitronensaft, Salz, Pfeffer und Süßstoff.

**EXTRA** **Zwei mittelgroße Kiwis**

**ABEND** **Brot mit Käse und Radieschen**

Eine Scheibe Vollkornbrot mit einem Teelöffel Salatcreme bestreichen. Einige Salatblätter darauflegen. Eine halbe Ecke Schmelzkäse (20 % Fett) und einige Radieschen eines Bundes in Scheiben schneiden und auf dem Brot verteilen. Restliche Radieschen dazu essen.

ZUTATEN
1 TK-Rostbratwürstchen,
1 Scheibe Rindfleischsülze,
2 Scheiben Knäckebrot,
1 Eßl. Müsli,
1 Scheibe Vollkornbrot,
1 Glas Buttermilch,
1 Becher Magermilchjoghurt,
1/2 Ecke Schmelzkäse (20 %),
2 Teel. Öl,
3 Teel. Salatcreme,
2 Teel. Senf,
3 mittelgroße Kartoffeln,
120 g Kopfsalat,
1 Bund Radieschen,
1 kleine Zwiebel,
1 Knoblauchzehe,
Petersilie,
Schnittlauch,
2 mittelgroße Kiwis,
Zitronensaft,
4 Eßl. Essig, Pfeffer, Salz, Süßstoff

---

**\*TIP:** Kochen Sie heute zwei mittelgroße Kartoffeln für Donnerstag mit.

---

# Mittwoch

ZUTATEN
100 g mageres
Rindfleisch,
1 Scheibe
Rindfleischsülze,
2 Scheiben
Flachknäcke,
1 Scheibe
Vollkornbrot,
2 Eßl. Magerquark,
1 Teel. Öl,
2 Teel. Salatcreme,
1 Teel. Instant-
Brühe,
2 Teel. Honig,
2 Teel. Haselnüsse,
1 kleine
Gewürzgurke,
2 mittelgroße
Kartoffeln, einige
Salatblätter,
2 große Möhren,
200 g Weißkohl,
1 kleine Zwiebel,
Petersilie,
1 großer Apfel,
2 Teel. Kümmel,
Pfeffer, Salz,
Süßstoff

FRÜHSTÜCK **Honig-Nuß-Schnitten**
Zwei Scheiben Flachknäcke mit je einem Eßlöffel Magerquark und einem Teelöffel Honig bestreichen. Zwei Teelöffel gehackte Haselnüsse darüberstreuen.

EXTRA **Ein großer Apfel**

MITTAG **Weißkohleintopf mit Rindfleisch**
100 Gramm mageres Rindfleisch würfeln, eine Zwiebel und 200 Gramm geputzten Weißkohl grob hacken. Einen Teelöffel Öl in einem Topf erhitzen, die Rindfleischwürfel scharf anbraten, die Zwiebeln kurz mitbraten und zwei Tassen Wasser zugießen. Zugedeckt kochen, bis das Fleisch fast weich ist. Den Weißkohl, zwei gewürfelte Kartoffeln, einen Teelöffel Instant-Brühe und zwei Teelöffel Kümmel zugeben und weitere 15 Minuten kochen. Mit Salz, Pfeffer und Süßstoff abschmecken.

EXTRA **Zwei große Möhren**

ABEND **Brot mit Rindfleischsülze**
Eine Scheibe Vollkornbrot mit zwei Teelöffel Salatcreme bestreichen. Einige Salatblätter und eine Scheibe Rindfleischsülze darauflegen. Eine Gewürzgurke in Scheiben schneiden und auf dem Brot verteilen. Mit Petersilie bestreuen.

# Donnerstag

### FRÜHSTÜCK Knäckebrot mit Schmelzkäse

Zwei Scheiben Flachknäcke mit einer halben Ecke Schmelzkäse (20 % Fett) bestreichen. Eine Stange Staudensellerie in feine Würfel schneiden und auf den Broten verteilen. Dazu: ein Glas Buttermilch.

### EXTRA Joghurt mit Müsli

Einen Becher Magermilchjoghurt mit einem Eßlöffel Müsli und einigen Tropfen Süßstoff verrühren.

**ZUTATEN**
30 g Thunfisch (Dose), 3 Scheiben Rindfleischsülze, 2 Scheiben Flachknäcke, 1 Eßl. Müsli, 1 Scheibe Vollkornbrot, 300 g Buttermilch, 1 Becher Magermilchjoghurt, 2 Eßl. Magerquark, 1/2 Ecke Schmelzkäse (20%), 1 Teel. Butter o. Margarine, 3 Teel. Salatcreme, 1 kleine Gewürzgurke, 2 gekochte Kartoffeln, 120 g Kopfsalat, 2 Stangen Staudensellerie, Dill, Schnittlauch, 1 mittelgroße Birne, Zitronensaft, Pfeffer, Salz, Süßstoff

**Bratkartoffeln mit Sülze**

**Bratkartoffeln mit Sülze**

Zwei (am Dienstag) gekochte Kartoffeln in Scheiben schneiden. Einen Teelöffel Butter oder Margarine in einer beschichteten Pfanne erhitzen und die Kartoffelscheiben darin goldbraun braten. Mit Salz und Pfeffer würzen. Aus zwei Eßlöffel Quark, drei Teelöffel Salatcreme, einer gehackten, kleinen Gewürzgurke, etwas Gurkenwasser, Salz, Pfeffer, Süßstoff und Dill eine Soße rühren und zusammen mit drei Scheiben Rindfleischsülze neben den Bratkartoffeln anrichten. Salat: Eine Portion Kopfsalat mit einer Soße aus einem halben Glas Buttermilch, Salz, Süßstoff und Schnittlauch.

EXTRA **Eine mittelgroße Birne**

ABEND **Vollkornbrot mit Thunfischsalat**

30 Gramm Thunfisch mit einer Gabel zerkleinern. Eine Stange Staudensellerie in kleine Würfel schneiden. Thunfisch und Selleriewürfel mit drei Teelöffel Salatcreme, Zitronensaft, Salz und Pfeffer würzen. Eine Scheibe Vollkornbrot mit einigen Salatblättern belegen und den Thunfischsalat daraufhäufen.

# Freitag

ZUTATEN
50 g
Beefsteakhack,
60 g Thunfisch
(Dose), 2 Eßl.
Corn-flakes,
1 Scheibe
Vollkornbrot,
2 Teel. Crème
fraîche,
100 g Magerquark,
2 Teel. Butter o.
Margarine, 1 Teel.
Tomatenketchup,
60 g Spaghetti,
1 kleine
Gewürzgurke,
40 g Salatblätter,
1 mittelgroße
Paprikaschote,
4 Stangen Stauden-
sellerie,
3 kleine Tomaten,
1 kleine Zwiebel,
Basilikum, Kresse,
Schnittlauch,
1 kleine Banane,
1/2 Paket
TK-Himbeeren,
Zitronensaft, Essig,
1 Teel. Kapern,
Pfeffer, Salz,
Süßstoff,
Mineralwasser

### FRÜHSTÜCK Himbeerquark

Ein halbes Paket tiefgekühlte Himbeeren auftauen lassen. 100 g Magerquark mit etwas Mineralwasser, zwei Teelöffel Crème fraîche und Süßstoff cremig rühren. Die Himbeeren unterheben. Zwei Eßlöffel Corn-flakes darüberstreuen.

### EXTRA Eine kleine Banane

### MITTAG Spaghetti mit Thunfisch

60 Gramm Spaghetti in Salzwasser bißfest kochen. 60 Gramm Thunfisch mit einer Gabel zerkleinern und mit Zitronensaft beträufeln. Die Spaghetti abgießen, kurz mit kaltem Wasser abschrecken, wieder in den Topf geben und in zwei Teelöffel Butter oder Margarine schwenken. Mit Salz, Pfeffer und viel gehacktem Basilikum würzen. Den Thunfisch untermengen. Salat: Einige Salatblätter zerpflücken, drei Tomaten vierteln und mit einer Soße aus einer gehackten Zwiebel, Essig, Salz, Pfeffer, Süßstoff und Kresse übergießen.

### EXTRA Frisches Gemüse

Vier geputzte Stangen Staudensellerie und eine in Stücke geschnittene Paprikaschote.

### ABEND Vollkornbrot mit Tatar

Eine Scheibe Vollkornbrot mit einem Teelöffel Tomatenketchup bestreichen. Einige Salatblätter darauflegen. 50 Gramm Beefsteakhack mit Salz, Pfeffer und einem Teelöffel gehackten Kapern mischen und auf dem Brot verteilen. Mit Schnittlauch bestreuen. Eine Gewürzgurke in Scheiben schneiden und das Brot damit garnieren.

# Samstag

**FRÜHSTÜCK** **Kressebrot mit Ei**

Eine halbe Scheibe Vollkornbrot mit einem Teelöffel Butter oder Margarine bestreichen und mit Kresse bestreuen. Ein Ei wachsweich kochen, pellen, halbieren und auf dem Brot anrichten. Mit Salz und Pfeffer würzen.

**EXTRA** **Vollkornbrot mit Honig**

Eine halbe Scheibe Vollkornbrot mit je einem Teelöffel Crème fraîche und Honig bestreichen.

**MITTAG** **Cevapcici mit süß-saurem Weißkohl**

Eine Zwiebel und 200 Gramm geputzten Weißkohl in feine Streifen hobeln. Zwei Tomaten überbrühen, die Haut abziehen und kleinschneiden. Einen Teelöffel Öl in einem Topf erhitzen, die Zwiebeln glasig dünsten. Den Weißkohl und die Tomaten zugeben. Eine halbe Tasse Essig zugießen und zehn Minuten unter Wenden schmoren. Mit Salz, Pfeffer, Edelsüß-Paprika und Süßstoff kräftig süß-sauer abschmecken. Eine Zwiebel und eine Knoblauchzehe hacken. 150 Gramm Beefsteakhack mit Zwiebelwürfeln, Knoblauch, Salz, Pfeffer, Rosenpaprika, viel Petersilie und je einem Teelöffel Öl und Mehl mischen. Fünf Würstchen formen und in einer beschichteten Pfanne rundherum braun braten.

**EXTRA** **Himbeeren mit Vanillecreme**

Ein halbes Paket tiefgekühlte Himbeeren auftauen lassen und in einem Schälchen anrichten. Vier Teelöffel Crème fraîche mit Süßstoff und Vanille verrühren und als Klecks auf die Himbeeren setzen.

ZUTATEN
150 g Beefsteakhack,
60 g Thunfisch (Dose), 1 Ei,
1 Teel. Mehl,
1 Scheibe Vollkornbrot,
5 Teel. Crème fraîche,
1 Teel. Butter o. Margarine,
4 Teel. Öl,
1 Teel. Honig,
1 Portion Kopfsalat,
2 Stangen Staudensellerie,
4 kleine Tomaten,
200 g Weißkohl,
2 kleine Zwiebeln,
1 Knoblauchzehe,
Kresse, Petersilie,
1/2 Paket TK-Himbeeren,
Edelsüß-Paprika,
Essig, Pfeffer,
Rosenpaprika, Salz,
Süßstoff, Vanille

**Bunter Salat mit Thunfisch**

Eine Portion Kopfsalat zerpflücken, zwei Stangen Staudensellerie in feine Stifte schneiden, zwei Tomaten vierteln und 60 Gramm Thunfisch mit einer Gabel zerteilen. Alles mischen und in einer Soße aus Essig, zwei Teelöffel Öl, Salz, Pfeffer, Süßstoff und Petersilie ziehen lassen.

Zutaten für Cevapcici mit süß-saurem Weißkohl

# 7.Woche

Zu dem ganz klassischen Gericht am Samstag –
zum typisch französischen Huhn in Weißwein –
können Sie ruhig Freunde einladen, die auch gern
auf angenehme Art und Weise schlank werden
möchten. Hinterher eignen sich als passender
Nachtisch Orangenscheiben mit Maraschino – die
Extra-Mahlzeit von Samstagnachmittag. Übrigens,
Sie können am Wochenende die 400-Kalorien-
Mahlzeit, die wir mittags im Programm haben,
auch abends zu sich nehmen, wenn Ihnen das
lieber ist. Sie sollten nur nicht zu spät essen.

# Einkauf – 7. Woche

| Bezeichnung | SO | MO | DI | MI | DO | FR | SA |
|---|---|---|---|---|---|---|---|
| Schweineschnitzel (Gramm) | | | | 75 | 50 | | |
| Hähnchen (1/2 kleines=190 Gramm) | | | | | | | 190 |
| Putenschnitzel (Gramm) | 100 | 50 | | | | | |
| Hering in Gelee (1 Portion=100 Gramm) | | | | | | 100 | |
| Eier (Handelsklasse 4) | 1 | | 1 | 1 | 2 | | |
| Vollkornbrot (1 Scheibe=50 Gramm) | 25 | 50 | 50 | 100 | 50 | 75 | |
| Dickmilch (1,5 %) (1 Becher=500 Gramm) | 100 | 350 | 50 | | | | |
| Magermilchjoghurt (1 Becher=150 Gramm) | | | 150 | 150 | 150 | 150 | |
| Magerquark (1 Becher=250 Gramm) | | | | | 50 | 100 | 100 |
| Schmelzkäse (20 %) (1 Ecke=62,5 Gramm) | | | 30 | | | 30 | |
| Schnittkäse (45 %) (1 Scheibe=20 Gramm) | 20 | 40 | 20 | | 20 | | |
| Champignons (Gramm) | | | 200 | | | | 200 |
| Feldsalat (Gramm) | | | | | 50 | 50 | 50 |
| Gurke (1 mittelgr.=500 Gramm) | | | 100 | | 50 | 200 | 150 |
| Kopfsalat (1 Kopf=200 Gramm) | | 80 | 100 | 20 | | | |
| Möhren (1 große=125 Gramm) | | | 375 | 250 | | | |
| Paprikaschoten (1 mittelgr.=150 Gramm) | | 150 | | | | 150 | |
| Radicchio (1 kl. Kopf=100 Gramm) | | | | | | | 100 |
| Tomaten (1 kleine=50 Gramm) | 200 | 50 | | | 50 | 200 | |
| Dill | | | X | | | | |
| Kresse | | X | X | | | | |
| Petersilie | X | X | X | X | X | X | X |
| Schnittlauch | | X | X | X | | X | X |
| Äpfel (1 großer=150 Gramm) | | 150 | | | | | 150 |
| Bananen (1 kleine=100 Gramm) | | | | | 100 | | 100 |
| TK-Erdbeeren (1 Paket=250 Gramm) | 125 | 125 | | | | | |
| Kiwis (1 mittelgr.=100 Gramm) | 100 | | | | 300 | | |
| Orange (1 mittelgr.=200 Gramm) | | | | | | 200 | |

# Sonntag

ZUTATEN
100 Gramm Puten-
schnitzel, 1 Ei,
1/2 Scheibe
Vollkornbrot,
6 Teel. Crème
fraîche,
100 g Dickmilch
(1,5 %), 1 Scheibe
Schnittkäse (45 %),
1 Teel. Butter o.
Margarine,
1/2 Teel. Öl,
1 Teel. Senf,
50 g Spätzle,
1 Tasse Hühner-
brühe (Instant),
1/2 kleine
Gewürzgurke,
4 kleine Tomaten,
4 kleine Zwiebeln,
Petersilie, 1/2 Paket
TK-Erdbeeren,
1 mittelgroße Kiwi,
Zitrone, Essig,
Pfeffer, Salz,
Süßstoff,
getr. Thymian,
Zimt, 1/2 Tasse
Weißwein

### FRÜHSTÜCK **Verlorenes Ei im Petersilienbett**

Eine halbe Scheibe Vollkornbrot mit einem Teelöffel Butter oder Margarine bestreichen und mit
viel Petersilie bestreuen. Ein Ei über einer Tasse
aufschlagen (das Eigelb muß ganz bleiben) und in
einen Topf mit siedendheißem Essigwasser gleiten
lassen. Vier Minuten kochen, mit einer Schöpfkelle
aus dem Wasser nehmen und auf dem Petersilien-
brot anrichten.

### EXTRA **Zimtkiwi mit Dickmilch**

Eine Kiwi kleinschneiden, mit Süßstoff beträufeln,
mit Zimt bestäuben und mit 100 Gramm Dickmilch übergießen.

### MITTAG **Putenroulade mit Spätzle**

50 Gramm Spätzle* in Salzwasser bißfest kochen.
Währenddessen 100 Gramm dünn geschnittenes
Putenschnitzel* auf einer Seite mit einem Teelöffel
Senf bestreichen, mit Petersilie bestreuen und eine
halbe, kleine Gewürzgurke darauflegen. Das
Schnitzel aufrollen und mit einem Zahnstocher
feststecken. In einer beschichteten Pfanne rundherum braun braten. Eine halbe Tasse Hühnerbrühe (Instant) zugießen und zugedeckt zehn
Minuten schmoren. Zwischendurch gelegentlich
wenden. Vier Tomaten kreuzweise einschneiden.
Mit Salz und Pfeffer würzen und die letzten fünf
Minuten mitschmoren, dann mit Petersilie
bestreuen. Roulade und Tomaten auf einen
vorgewärmten Teller legen. Die Soße auf zwei
Eßlöffel einkochen, mit zwei Teelöffel Crème
fraîche verrühren, eine Minute durchkochen und
über die Roulade gießen. Die Spätzle daneben
anrichten.

---

**\*TIP:** Kochen Sie 50 Gramm Spätzle für Dienstag mit. Braten Sie mit
der Roulade 50 Gramm Putzenschnitzel für das Abendessen am
Montag.

---

**Verlorenes Ei im Petersilienbett**

## EXTRA Erdbeeren mit Zitronencreme

125 Gramm tiefgekühlte Erdbeeren auftauen und in einem Schälchen anrichten. Vier Teelöffel Crème fraîche mit abgeriebener Zitronenschale, Zitronensaft und Süßstoff verrühren und über die Erdbeeren geben.

## ABEND Zwiebelsuppe

Einen halben Teelöffel Öl in einem Topf erhitzen und vier kleine, in Streifen geschnittene Zwiebeln glasig braten. Je eine halbe Tasse Weißwein (kann durch Brühe ersetzt werden) und Brühe (Instant) zugießen und 15 Minuten bei schwacher Hitze köcheln lassen. Mit Salz, Pfeffer und Thymian würzen und in eine ofenfeste Suppenschale füllen. Eine Scheibe Käse (45 % Fett) obenauf legen und kurz im Backofen oder unter dem Grill überbräunen.

**Putenroulade mit Spätzle**

# Montag

### FRÜHSTÜCK **Erdbeermilch**

125 Gramm tiefgekühlte Erdbeeren auftauen und pürieren. Mit 300 Gramm Dickmilch und Süßstoff verquirlen und mit einem Eßlöffel Corn-flakes bestreuen.

### EXTRA **Ein großer Apfel**

### MITTAG **Kartoffelpizza und Salat**

Zehn Eßlöffel Instant-Kartoffelpüree mit einer Tasse kochendem Wasser verrühren. Gehackte Petersilie unterziehen und das Püree in eine ofenfeste Form füllen. Zwei Teelöffel Tomatenmark darüberstreichen. Eine halbe Paprikaschote in feine Würfel schneiden und auf dem Püree verteilen. Zwei Scheiben Käse (45 % Fett) darauflegen, mit Edelsüß-Paprika bestreuen und 15 Minuten bei 200 Grad/Gas Stufe 3 überbacken. Salat: Eine halbe Portion Kopfsalat und eine halbe Paprikaschote kleinschneiden. Zwei Eßlöffel Dickmilch mit Zitronensaft, Salz und Süßstoff verrühren und über den Salat gießen. Mit Kresse bestreuen.

ZUTATEN
50 g gebr. Puten-schnitzel, 1 Eßl. Corn-flakes,
1 Eßl. Müsli,
1 Scheibe Vollkornbrot,
350 g Dickmilch (1,5 %),
1 Becher Mager-milchjoghurt,
2 Scheiben Schnitt-käse (45 %),
1 Teel. Salatcreme,
2 Teel. Tomatenmark,
10 Eßl. Instant-Kartoffelpüree-flocken,
80 g Kopfsalat,
1 mittelgroße Paprikaschote,
1 kleine Tomate,
Kresse, Petersilie, Schnittlauch,
1 großer Apfel,
1/2 Paket TK-Erdbeeren,
Zitronensaft,
Edelsüß-Paprika,
Pfeffer, Salz,
Süßstoff

**Joghurt mit Müsli**
Einen Becher Magermilchjoghurt mit einem
Eßlöffel Müsli und einigen Tropfen Süßstoff
verrühren.

ABEND **Vollkornbrot mit Putenfleisch**
Eine Scheibe Vollkornbrot mit einem Teelöffel
Salatcreme bestreichen. Einige Salatblätter und
50 Gramm (am Sonntag) gebratenes Puten-
schnitzel darauf verteilen. Mit Salz, Pfeffer und
Schnittlauch würzen. Dazu: eine Tomate.

# Dienstag

**FRÜHSTÜCK** **Brote mit Käse und Möhren**
Zwei Scheiben Knäckebrot mit einer halben Ecke
Schmelzkäse (20 % Fett) bestreichen. Eine Möhre
raspeln und auf den Broten verteilen. Mit Petersilie
bestreuen.

**EXTRA** **Joghurt mit Müsli**
Einen Becher Magermilchjoghurt mit einem
Eßlöffel Müsli und einigen Tropfen Süßstoff
verrühren.

**Rührei mit Champignons**

**MITTAG** **Rührei mit Champignons**

Eine Zwiebel würfeln und 200 Gramm Champignons halbieren. Ein Ei mit Salz, Pfeffer und Schnittlauch verquirlen. Einen halben Teelöffel Butter oder Margarine in einer beschichteten Pfanne erhitzen. Zuerst die Zwiebeln kurz braten, dann die Champignons zugeben. Am Pfannenrand 125 Gramm (am Sonntag) gekochte Spätzle mit erwärmen. Die Champignons mit Salz, Pfeffer und etwas Zitronensaft würzen. Champignons und Spätzle auf einem Teller anrichten. Das Ei in die Pfanne gießen und unter gelegentlichem Wenden stocken lassen. Salat: Eine Portion Kopfsalat mit einer Soße aus zwei Eßlöffel Dickmilch, Zitronensaft, Salz, Süßstoff und Kresse.

**EXTRA** **Zwei große Möhren**

**ABEND** **Brot mit Gurken-Käse-Salat**

100 Gramm Gurke schälen, die Gurkenkerne mit einem Löffel herausschaben. Die Gurke und eine Scheibe Käse (45 % Fett) in Würfel schneiden. Mit Salz, Pfeffer und Dill mischen. Eine Scheibe Vollkornbrot mit einem Teelöffel Tomatenmark bestreichen und die Gurken-Käse-Mischung darauf verteilen.

# Mittwoch

**FRÜHSTÜCK** **Quarkbrot mit Honig und Nüssen**
Eine Scheibe Vollkornbrot mit zwei Eßlöffel Mager-
quark und einem Teelöffel Honig bestreichen.
Einen Teelöffel Rosinen und einen halben Teelöffel
Haselnüsse darüberstreuen.

**EXTRA** **Eine kleine Banane**

**MITTAG** **Möhreneintopf mit Schweinefleisch**
Einen halben Teelöffel Öl in einem Topf erhitzen.
75 Gramm Schweineschnitzel* in kleine Würfel
schneiden und in dem heißen Fett rundherum
braun braten. Eine Tasse Brühe (Instant) und zwei
geschälte Kartoffeln würfeln und zugeben. Zugedeckt 15 Minuten kochen. Zwei Möhren putzen, in
Würfel schneiden und die letzten fünf Minuten
mitkochen. Mit Salz, Pfeffer, Süßstoff und Petersilie
würzen.

**EXTRA** **Joghurt mit Müsli**
Einen Becher Magermilchjoghurt mit einem
Eßlöffel Müsli und einigen Tropfen Süßstoff
verrühren.

**ABEND** **Vollkornbrot mit Rührei**
Ein Ei mit Salz, Pfeffer und Schnittlauch verquirlen.
In einer beschichteten Pfanne unter gelegentlichem Wenden stocken lassen. Eine Scheibe
Vollkornbrot mit einem Teelöffel Tomatenmark
bestreichen. Einige Salatblätter und das Rührei auf
dem Brot verteilen.

---

**\*TIP:** Braten Sie für morgen abend 50 Gramm dünn geschnittenes
Schweineschnitzel im Stück mit.

---

# Donnerstag

### FRÜHSTÜCK **Bunte Knäckebrote**

Eine Scheibe Flachknäcke mit einem Teelöffel Salatcreme bestreichen und mit einer Scheibe Käse (45 % Fett) und den Scheiben einer Tomate belegen. Eine zweite Scheibe Flachknäcke mit einem Teelöffel Crème fraîche bestreichen und eine in Scheiben geschnittene Kiwi darauf verteilen.

### EXTRA **Joghurt mit Müsli**

Einen Becher Magermilchjoghurt mit einem Eßlöffel Müsli und einigen Tropfen Süßstoff verrühren.

ZUTATEN
50 g gebr.
Schweineschnitzel,
2 Eier, 2 Scheiben
Flachknäcke,
1 Eßl. Müsli,
1 Scheibe
Vollkornbrot,
5 Teel. Crème
fraîche,
1 Becher Mager-
milchjoghurt,
1 Scheibe Schnitt-
käse (45 %),
1 Teel. Salatcreme,
2 Teel. Senf, 2 Teel.
Tomatenmark,
1/2 Teel. Instant-
Brühe,
50 g Feldsalat,
50 g Gurke,
2 mittelgroße
Kartoffeln,
1 kleine Tomate,
Petersilie,
3 mittelgroße
Kiwis, Zitronen-
saft, Pfeffer, Salz,
Süßstoff

**Eier mit Senfsoße und Feldsalat**

## MITTAG Eier mit Senfsoße und Feldsalat

50 Gramm geputzten Feldsalat auf einen Teller legen, mit Salz, Pfeffer und Zitronensaft würzen. Zwei Kartoffeln* zu Pellkartoffeln und zwei Eier wachsweich kochen. In einer kleinen Pfanne drei Eßlöffel Wasser erhitzen, einen halben Teelöffel Instant-Brühe, vier Teelöffel Crème fraîche und zwei Teelöffel Senf hineinrühren und zwei Minuten durchkochen. Kartoffeln und Eier pellen, neben dem Feldsalat anrichten und mit der Senfsoße übergießen.

## EXTRA Zwei mittelgroße Kiwis

## ABEND Brot mit Fleischsalat

50 Gramm (am Mittwoch) gebratenes Schweineschnitzel und 50 Gramm Gurke in Würfel schneiden. Mit zwei Teelöffel Tomatenmark, Salz, Pfeffer und Petersilie mischen. Den Fleischsalat auf eine Scheibe Vollkornbrot häufen.

---

**\*TIP:** Kochen Sie zwei Kartoffeln mehr mit. Sie brauchen sie morgen mittag für Bratkartoffeln.

---

# Freitag

ZUTATEN
100 g Hering in
Gelee, 2 Scheiben
Flachknäcke,
1 1/2 Scheiben
Vollkornbrot,
100 g Magerquark,
1/2 Ecke Schmelz-
käse (20%),
2 Teel. Butter o.
Margarine,
2 Tassen Brühe
(Instant),
50 g Feldsalat,
200 g Gurke,
2 gekochte
Kartoffeln,
1 mittelgroße
Paprikaschote,
4 kleine Tomaten,
1 kleine Zwiebel,
Petersilie,
Schnittlauch,
1 mittelgroße
Orange, Zitronen-
saft, Edelsüß-
Paprika, Pfeffer,
Salz, Süßstoff,
Mineralwasser

### FRÜHSTÜCK Gurkenquark und Vollkornbrot

100 Gramm Magerquark mit etwas Mineralwasser, Salz und Petersilie verrühren. 100 Gramm Gurke schälen, in kleine Würfel schneiden (oder im Blitzhacker zerkleinern) und unter den Quark ziehen. Dazu gibt es eine halbe Scheibe Vollkornbrot mit einem Teelöffel Butter oder Margarine.

### EXTRA Eine mittelgroße Orange

### MITTAG Hering in Gelee und Salat

Eine Zwiebel würfeln und zwei (am Donnerstag) gekochte Kartoffeln in Scheiben schneiden. Einen Teelöffel Butter oder Margarine in einer beschichteten Pfanne erhitzen, die Zwiebeln darin glasig braten, dann die Kartoffelscheiben zugeben. Unter häufigem Wenden braten, bis sie goldgelb sind. Mit Salz und Pfeffer würzen und neben einer Portion Hering in Gelee anrichten. Salat: Zwei Tomaten achteln, eine halbe Paprikaschote würfeln, 100 Gramm Gurke schälen (die Kerne entfernen) und in dünne Scheiben schneiden. Tomaten, Paprikawürfel und Gurke mit 50 Gramm geputztem Feldsalat mischen und in einer Soße aus Zitronensaft, Salz, Pfeffer, Süßstoff und Schnittlauch ziehen lassen.

### EXTRA Brühe und Knäckebrot

Zwei Tassen Brühe (Instant) erhitzen. Dazu: zwei Scheiben Flachknäcke und zwei Tomaten.

### ABEND Paprikabrot

Auf eine Scheibe Vollkornbrot eine halbe Ecke Schmelzkäse (20% Fett) streichen. Eine halbe Paprikaschote würfeln, darauf verteilen, alles mit Edelsüß-Paprika würzen.

122

# Samstag

**FRÜHSTÜCK** **Brot mit Bananencreme**

Eine Banane mit zwei Teelöffel Crème fraîche, Süßstoff und Zimt pürieren und auf zwei Scheiben Knäckebrot streichen.

**EXTRA** **Schnittlauchquark**

100 Gramm Magerquark mit Mineralwasser, Salz und Schnittlauch verquirlen. Dazu gibt es eine Scheibe Flachknäcke.

**Huhn in Weißwein**

## MITTAG Huhn in Weißwein

Ein halbes Hähnchen mit einer Geflügelschere in Stücke schneiden und in einer beschichteten Pfanne von allen Seiten braun braten. Die Hähnchenteile auf Küchenkrepp legen, das Fett weggießen. Nacheinander eine in Streifen geschnittene Zwiebel, 200 Gramm Champignonköpfe und die Spalten von einem halben Apfel in der Pfanne braten und wieder herausnehmen. Die Hähnchenteile wieder in die Pfanne geben, eine halbe Tasse Weißwein (oder Hühnerbrühe) zugießen und zugedeckt zehn Minuten schmoren. Zwiebeln, Champignons und Äpfel, Salz, Pfeffer, Thymian, ein Lorbeerblatt und Petersilienstengel zugeben und fünf Minuten weiterschmoren. Das Lorbeerblatt und die Petersilienstengel herausnehmen und mit frischer Petersilie anrichten.

## EXTRA Geschmorter Apfel mit Mandelsahne

Einen halben Apfel schälen, in Stücke schneiden und in einer kleinen Pfanne mit einem halben Teelöffel Butter oder Margarine braten. Einen Teelöffel Rosinen und einen halben Teelöffel Mandelsplitter zugeben. In einem Schälchen mit einem Teelöffel Crème fraîche anrichten.

## ABEND Bunter Salat mit Nüssen

150 Gramm Gurke schälen und in Scheiben schneiden. Mit 50 Gramm geputztem Feldsalat und den Blättern von einem kleinen Kopf Radicchio mischen. In einer Soße aus zwei Teelöffel Öl, Essig, Salz, Pfeffer, Süßstoff und zwei Teelöffel gehackten Haselnüssen ziehen lassen. Mit Petersilie bestreuen.

ZUTATEN
1/2 kleines Hähnchen,
2 Scheiben Knäckebrot,
1 Scheibe Flachknäcke, 3 Teel. Crème fraîche,
100 g Magerquark,
1/2 Teel. Butter oder Margarine,
2 Teel. Öl,
2 Teel. Haselnüsse,
1/2 Teel. Mandeln,
1 Teel. Rosinen,
200 g Champignons,
50 g Feldsalat,
150 g Gurke,
1 kleiner Kopf Radicchio,
1 kleine Zwiebel,
Petersilie,
Schnittlauch,
1 großer Apfel,
1 kleine Banane,
Essig,
1 Lorbeerblatt,
Pfeffer, Salz,
Süßstoff,
getr. Thymian,
Zimt,
Mineralwasser,
1/2 Tasse Weißwein

# 8.Woche

Nun sind Sie am Ende der achtwöchigen Idealdiät angelangt und werden in dieser Woche noch ein bißchen verwöhnt. Für Fischliebhaber gibt es am Freitag etwas ganz Besonderes: Lachsschnitte mit Kerbelsahne! Wenn Sie Ihr Wunschgewicht noch nicht erreicht haben, können Sie übrigens mit der Idealdiät ruhig wieder von vorn anfangen. Sie enthält alle wichtigen Nährstoffe und kann deshalb bedenkenlos über einen längeren Zeitraum gemacht werden. Wenn Sie nicht weiter abnehmen wollen, können Sie mit der Aufbaudiät weitermachen. Zunächst mit der dritten Stufe, also 1200 Kalorien, und dann mit der vierten, mit 1600 Kalorien. Das dürfte etwa die Kalorienmenge sein, mit der Sie auch in Zukunft Ihr Gewicht halten können.

# Einkauf – 8. Woche

| Bezeichnung | SO | MO | DI | MI | DO | FR | SA |
|---|---|---|---|---|---|---|---|
| Beefsteakhack (Gramm) | | | 50 | 75 | 25 | | |
| Schweineschnitzel (Gramm) | 100 | 50 | | | | | |
| Wiener Würstchen (1 kleines = 50 Gramm) | | 50 | | | | | |
| Lachs (Gramm), ersatzw. Kabeljau o. Seelachs | | | | | | 150 | |
| Kasseler (Gramm) | | | | | 75 | | 75 |
| Eier (Handelsklasse 4) | 1 | | 2 | | | 1 | 1 |
| Vollkornbrot (1 Scheibe = 50 Gramm) | | 50 | 100 | 75 | 50 | 50 | |
| Dickmilch (1,5 %) (1 Becher = 500 Gramm) | | | | | 300 | | 200 |
| körniger Frischkäse (1 Becher = 200 Gramm) | | 100 | | 100 | | | |
| Magermilchjoghurt (1 Becher = 150 Gramm) | 150 | 150 | 150 | 150 | 150 | 150 | |
| Schmelzkäse (20 %) (1 Ecke = 62 Gamm) | | | 30 | 30 | | | |
| Artischocke (1 mittelgr. = 100 Gramm) | 100 | | | | | | |
| Blattspinat (Gramm) | | | | | | 150 | |
| Champignons (Gramm) | | | 200 | 50 | | 100 | |
| Feldsalat (Gramm) | | | 50 | | | | |
| Kopfsalat (1 Kopf = 200 Gramm) | | 20 | 20 | 20 | 20 | 20 | 100 |
| Möhren (1 große = 125 Gramm) | | 250 | | | | | |
| Paprikaschoten (1 mittelgr. = 150 Gramm) | | | 300 | | | | 150 |
| Porree (1 Stange = 150 Gramm) | | 150 | | | | | |
| Radieschen (1 Bund = 100 Gramm) | | | | 100 | | | |
| Rosenkohl (Gramm) | | | | | | | 150 |
| Sauerkraut (1 kleine Dose = 300 Gramm) | | | | | 200 | 100 | |
| TK-Suppengrün (1 Päckchen = 50 Gramm) | | 50 | | | | | |
| Tomaten (1 kleine = 50 Gramm) | | | 100 | | 100 | 50 | 100 |
| Zuckerschoten oder feine Bohnen (Gramm) | 150 | | | | | | |
| Estragon | | | | | | X | |
| Kerbel | | | | | | X | |
| Kresse | | | X | X | | | |
| Petersilie | X | | X | X | | X | X |
| Schnittlauch | | X | X | X | | | X |
| Zitronenmelisse | X | | | | | | |
| Apfel (1 großer = 150 Gramm) | 150 | | | | | | |
| Bananen (1 kleine = 100 Gramm) | | | | | 100 | | 100 |
| TK-Erdbeeren (1 Paket = 250 Gramm) | 250 | | | | | | |
| Kiwis (1 mittelgr. = 100 Gramm) | 100 | | | 200 | | 100 | |
| Orange (1 mittelgr. = 200 Gramm) | | | | | | | 200 |

# Sonntag

**FRÜHSTÜCK** **Apfel im Schlafrock**
Einen Apfel schälen, das Kerngehäuse ausstechen, in Scheiben schneiden, mit Süßstoff beträufeln und mit Zimt bestreuen. Ein Ei mit etwas Salz und Mineralwasser schaumig schlagen. Einen Teelöffel Butter oder Margarine in einer beschichteten Pfanne erhitzen. Die Apfelscheiben in den Eischaum tauchen und nach und nach in die Pfanne geben. Den restlichen Eischaum auf den einzelnen Scheiben verteilen. Wenden und die andere Seite ebenfalls goldbraun braten.

**EXTRA** **Kiwijoghurt mit Zitronenmelisse**
Eine Kiwi kleinschneiden (noch besser: pürieren) und unter einen Becher Magermilchjoghurt rühren. Mit Süßstoff und Zitronensaft würzen. Gehackte Zitronenmelisse unterziehen.

**MITTAG** **Schnitzel mit Zuckerschoten**
Eine halbe Tasse kochendes Wasser mit fünf Eßlöffel Instant-Kartoffelpüree verrühren. 150 Gramm geputzte Zuckerschoten* (oder feine Bohnen) in Salzwasser mit etwas Süßstoff drei Minuten kochen. Das Wasser abgießen. In einem Teelöffel zerlassener Butter oder Margarine schwenken und mit Zitronenmelisse bestreuen. Zwei kleine Schweineschnitzel* (zusammen 100 Gramm) in einer beschichteten Pfanne auf jeder Seite vier Minuten braten, mit Salz und Pfeffer würzen. Auf jedes Schnitzel eine Zitronenscheibe, einen halben Teelöffel Butter oder Margarine und einige Blättchen Petersilie legen. Die Schnitzel und die Zuckerschoten neben dem Püree anrichten.

ZUTATEN
100 g Schweineschnitzel, 1 Ei,
2 Scheiben Flachknäcke, 3 Teel.
Crème fraîche,
1 Becher Magermilchjoghurt,
3 Teel. Butter o. Margarine,
5 Eßl. Instant-Kartoffelpüreeflocken,
1 große Artischocke, 150 g Zuckerschoten,
1 kleine Zwiebel, Petersilie, Zitronenmelisse,
1 großer Apfel,
1 Paket TK-Erdbeeren,
1 mittelgroße Kiwi, Zitrone,
Essig, Pfeffer, Salz, Süßstoff, Zimt, Mineralwasser,
1/2 Tasse Weißwein

---

**\*TIP:** Behalten Sie drei Zuckerschoten zurück (oder feine Bohnen). Braten Sie 50 Gramm Schweineschnitzel für morgen abend mit.

---

**Kiwijoghurt mit Zitronenmelisse**

## EXTRA Erdbeeren

Ein Paket tiefgekühlte Erdbeeren auftauen und mit Süßstoff beträufeln.

## ABEND Artischocke mit Weißweinsoße

Eine Artischocke in Essigwasser 20 Minuten kochen (die Blätter müssen sich leicht herauszupfen lassen). In einem Pfännchen eine halbe Tasse Weißwein (oder Brühe) und eine fein gehackte Zwiebel (noch besser: eine Schalotte) auf knapp zwei Eßlöffel einkochen. Drei Teelöffel Crème fraîche hineinrühren und zwei Minuten sämig kochen. Mit Salz, Pfeffer und Zitronenmelisse würzen. Die Artischockenblätter und den -boden in Soße tunken. Dazu gibt es zwei Scheiben Flachknäcke.

# Montag

**FRÜHSTÜCK** **Frischkäse mit Kirschen**

Einen halben Becher körnigen Frischkäse mit zwei Teelöffel Crème fraîche, Süßstoff und Zimt vermischen. Drei Eßlöffel Sauerkirschen darauf verteilen.

**EXTRA** **Zwei große Möhren**

**MITTAG** **Kartoffelsuppe mit Würstchen**

Zwei Tassen Brühe (Instant) erhitzen. Zwei Kartoffeln schälen, kleinschneiden, zugeben und zehn Minuten kochen. Eine Stange Porree in feine Ringe schneiden, fünf Minuten mitkochen. Zum Schluß ein Päckchen tiefgekühltes Suppengrün und ein Würstchen mit erwärmen. Mit einem Klecks Senf auf dem Tellerrand anrichten.

ZUTATEN
50 g gebr. Schweineschnitzel, 1 kleines Wiener Würstchen, 1 Eßl. Müsli, 1 Scheibe Vollkornbrot, 2 Teel. Crème fraîche, 1/2 Becher körniger Frischkäse, 1 Becher Magermilchjoghurt, 1 Teel. Salatcreme, 1 Teel. Senf, 2 Tassen Brühe (Instant), 2 mittelgroße Kartoffeln, einige Salatblätter, 2 große Möhren, 1 Stange Porree, 1 Päckchen TK-Suppengrün, Schnittlauch, 3 Eßl. Sauerkirschen (Glas), Pfeffer, Salz, Süßstoff, Zimt

## EXTRA Joghurt mit Müsli

Einen Becher Magermilchjoghurt mit einem
Eßlöffel Müsli und einigen Tropfen Süßstoff
verrühren.

## ABEND Vollkornbrot mit kaltem Braten

Eine Scheibe Vollkornbrot mit einem Teelöffel
Salatcreme bestreichen. Einige Salatblätter darauf-
legen. 50 Gramm (am Sonntag) gebratenes
Schweineschnitzel in dünne Scheiben schneiden
und zusammen mit den drei zurückbehaltenen
Zuckerschoten (oder Bohnen) darauf verteilen.
Mit Salz, Pfeffer und Schnittlauchröllchen
bestreuen.

# Dienstag

**FRÜHSTÜCK** **Schmelzkäsebrot mit Kresse**
Eine Scheibe Vollkornbrot mit einer halben
Ecke Schmelzkäse (20 % Fett) bestreichen. Kresse
darüberstreuen.

**EXTRA** **Joghurt mit Müsli**
Einen Becher Magermilchjoghurt mit einem
Eßlöffel Müsli und einigen Tropfen Süßstoff
verrühren.

**MITTAG** **Omeletts mit Champignons**
Eine kleine Zwiebel würfeln und in einem halben
Teelöffel Öl glasig braten. 200 Gramm geputzte
Champignons halbieren, zugeben und zwei
Minuten braten. Mit Salz, Pfeffer und Zitronensaft
würzen. Drei Teelöffel Crème fraîche unterrühren,
kurz aufkochen, bis der Pilzsaft mit der Crème
fraîche eine sämige Soße ergibt. Mit Salz, Pfeffer
und viel Petersilie bestreuen. Zwei Eier mit etwas
Mineralwasser, Salz und Pfeffer verquirlen. Einen
Teelöffel Öl in der Pfanne erhitzen. Hintereinander
zwei Omeletts ausbacken. Jedes mit Champignons
füllen und mit Worcestershiresoße würzen. Salat:
50 Gramm geputzten Feldsalat und zwei in
Scheiben geschnittene Tomaten in einer Soße aus
Essig, Salz, Pfeffer, Süßstoff und Schnittlauch
ziehen lassen.

**EXTRA** **Zwei mittelgroße Paprikaschoten**

**ABEND** **Brot mit Zwiebeltatar**
Eine Scheibe Vollkornbrot mit zwei Teelöffel
Tomatenketchup bestreichen. Einige Salatblätter
darauflegen. 50 Gramm Beefsteakhack mit Salz,
Pfeffer und einer fein gehackten Zwiebel mischen
und auf dem Brot verteilen.

ZUTATEN
50 g Beefsteak-
hack, 2 Eier,
1 Eßl. Müsli,
2 Scheiben Voll-
kornbrot, 3 Teel.
Crème fraîche,
1 Becher Mager-
milchjoghurt,
1/2 Ecke Schmelz-
käse (20%),
1 1/2 Teel. Öl,
2 Teel. Tomaten-
ketchup, 200 g
Champignons,
50 g Feldsalat,
einige Salatblätter,
2 mittelgroße
Paprikaschoten,
2 kleine Tomaten,
2 kleine Zwiebeln,
Kresse, Petersilie,
Schnittlauch,
Zitronensaft, Essig,
Pfeffer, Salz,
Süßstoff,
Worcestershire-
soße,
Mineralwasser

# Mittwoch

FRÜHSTÜCK **Frischkäse mit Radieschen**

Einen halben Becher körnigen Frischkäse mit Salz würzen. Ein Bund Radieschen putzen, klein-schneiden und mit dem Frischkäse mischen. Hinterher gibt es eine Scheibe Knäckebrot mit je einem Teelöffel Crème fraîche und Honig.

EXTRA **Zwei mittelgroße Kiwis**

MITTAG **Königsberger Klopse mit Reis**

Zwei Eßlöffel Reis* körnig kochen. Eine halbe Scheibe Vollkornbrot und eine kleine Zwiebel im Blitzhacker zerkleinern und mit 75 Gramm Beef-steakhack*, Salz, Pfeffer, Petersilie und zwei Eßlöffel Wasser mischen. Drei Klopse formen und in einer knappen Tasse Brühe (Instant) bei schwacher Hitze garen. Die Klopse herausnehmen und die Soße auf drei Eßlöffel einkochen. Drei Teelöffel Crème fraîche hineinrühren und drei Minuten kochen, bis die Soße sämig ist. Einen Teelöffel Kapern zugeben und die Soße über die Klopse gie-ßen. Den Reis mit Petersilie mischen und mit 100 Gramm rote Bete zu den Klopsen geben.

EXTRA **Joghurt mit Müsli**

Einen Becher Magermilchjoghurt mit einem Eßlöffel Müsli und Süßstoff verrühren.

ABEND **Brot mit Käse und Champignons**

Auf eine Scheibe Vollkornbrot einige Salatblätter legen. Eine halbe Ecke Schmelzkäse (20 % Fett) und einige Champignons in Scheiben schneiden und auf dem Brot verteilen. Mit Salz, Pfeffer und Schnittlauch bestreuen.

**\*TIP:** Kochen Sie zusätzlich zwei Eßlöffel Reis für Samstag mit. Bereiten Sie aus 25 Gramm Beefsteakhack einen vierten Klops für morgen mit zu.

Königsberger Klopse mit R

# Donnerstag

**FRÜHSTÜCK** **Zitronenmilch mit Corn-flakes**
300 Gramm Dickmilch mit Süßstoff und Zitronensaft verrühren. Zwei Eßlöffel Corn-flakes darüberstreuen.

**EXTRA** **Eine kleine Banane**

ZUTATEN
1 kleines
Fleischklößchen,
75 g Kasseler,
2 Eßl. Corn-flakes,
1 Eßl. Müsli,
1 Scheibe
Vollkornbrot,
300 g Dickmilch
(1,5 %),
1 Becher Mager-
milchjoghurt,
1 Teel. Salatcreme,
5 Eßl. Instant-Kar-
toffelpüreeflocken,
1 mittelgroße
Kartoffel,
einige Salatblätter,
200 g Sauerkraut
(Dose),
2 kleine Tomaten,
1 kleine Zwiebel,
Kresse,
1 kleine Banane,
Zitronensaft,
1 Lorbeerblatt,
Nelken, Pfeffer,
Salz, Süßstoff

**MITTAG** **Kasseler mit Sauerkraut**
200 Gramm Sauerkraut zusammen mit einer
kleinen, mit Nelken gespickten Zwiebel, einem
Lorbeerblatt und einer Tasse Wasser 30 Minuten
dünsten. Eine rohe, geriebene Kartoffel untermengen und mit Salz, Pfeffer und Süßstoff
abschmecken. Während der letzten 10 Minuten
75 Gramm Kasseler auf dem Sauerkraut mit erwärmen und eine kleine Portion Kartoffelpüree aus
einer halben Tasse kochendheißem Wasser und
fünf Eßlöffel Instant-Kartoffelpüree zubereiten.

**Joghurt mit Müsli**

Einen Becher Magermilchjoghurt mit einem
Eßlöffel Müsli und einigen Tropfen Süßstoff
verrühren.

**Brot mit Fleischklößchen**

Eine Scheibe Vollkornbrot mit einem Teelöffel
Salatcreme bestreichen und einige Salatblätter
darauflegen. Einen Klops (gestern mittag
mitgegart) in Scheiben schneiden, auf dem Brot
verteilen und mit Salz, Pfeffer und Kresse
bestreuen. Dazu gibt es zwei Tomaten.

# Freitag

**FRÜHSTÜCK** **Knäckebrote mit Tomate und Kiwi**

Eine Scheibe Knäckebrot mit zwei Teelöffel Salatcreme bestreichen und mit den Scheiben einer Tomate belegen. Mit Salz, Pfeffer und Petersilie bestreuen. Eine zweite Scheibe Knäckebrot mit zwei Teelöffel Crème fraîche bestreichen und die Scheiben einer Kiwi darauf verteilen. Mit Zitronensaft und Süßstoff beträufeln.

**EXTRA** **Joghurt mit Müsli**

Einen Becher Magermilchjoghurt mit einem Eßlöffel Müsli und einigen Tropfen Süßstoff verrühren.

**MITTAG** **Lachsschnitte mit Kerbelsahne**

Einen Sud zubereiten aus einer Tasse Weißwein (oder Wasser), einer Zwiebel, einem Lorbeerblatt, Pfefferkörnern, Estragon, Salz und Zitronenscheiben. Den Sud kurz aufkochen und zehn Minuten ziehen lassen. 150 Gramm geputzten Blattspinat tropfnaß in einem Topf zusammenfallen lassen. Mit Salz, Pfeffer und Zitronensaft würzen. Dann mit einer Schöpfkelle herausnehmen, gut abtropfen lassen und auf einen vorgewärmten Teller legen. 100 Gramm in Scheiben geschnittene Champignons in dem Spinatsaft zwei Minuten dünsten und gut abgetropft auf dem Spinat verteilen. 150 Gramm Lachs* in dem Fischsud fünf Minuten bei schwacher Hitze dünsten und auf den Spinat legen. Zwei Eßlöffel gehackten Kerbel mit zwei Teelöffel Crème fraîche mischen und zusammen mit einer Zitronenscheibe auf dem Lachs anrichten.

**\*TIP:** Wenn Ihnen Lachs zu teuer ist, können Sie ihn problemlos gegen 200 Gramm einer anderen Fischsorte (Kabeljau, Seelachs) austauschen.

Lachsschnitte mit Kerbelsahne

ZUTATEN
150 g Lachs, 1 Ei,
2 Scheiben
Knäckebrot,
3 Scheiben
Flachknäcke,
1 Eßl. Müsli,
1 Scheibe
Vollkornbrot,
4 Teel. Crème
fraîche,
1 Becher Mager-
milchjoghurt,
2 Teel. Salatcreme,
1 Teel. Senf,
150 g Blattspinat,
100 g
Champignons,
1/2 kleine
Gewürzgurke,
einige Salatblätter,
100 g Sauerkraut
(Dose), 1 kleine
Tomate, 1 kleine
Zwiebel, Estragon,
2 Eßl. Kerbel,
Petersilie,
1 mittelgroße Kiwi,
Zitrone, 1 Lorbeer-
blatt, Pfefferkörner,
Salz, Süßstoff,
1 Tasse Weißwein

**EXTRA** **Sauerkraut und Flachknäcke**
100 Gramm rohes Sauerkraut mit einer Gabel auf-
lockern. Dazu gibt es drei Scheiben Flachknäcke.

**ABEND** **Vollkornbrot mit Gurkenei**
Eine Scheibe Vollkornbrot mit einem Teelöffel Senf
bestreichen. Einige Salatblätter darauflegen. Ein
hartgekochtes Ei, eine halbe kleine Gewürzgurke
sowie Petersilie hacken, mischen und auf dem
Brot verteilen.

# Samstag

### FRÜHSTÜCK **Rührei – süß und salzig**

Ein Ei mit etwas Salz verquirlen und in einer beschichteten Pfanne auf schwacher Hitze stocken lassen. Dabei ab und zu durchrühren. Das Ei auf zwei Scheiben Knäckebrot verteilen. Das eine Brot mit Schnittlauch bestreuen, das andere mit einem Teelöffel Honig beträufeln.

### EXTRA **Bananencreme**

Eine halbe Banane mit einer Gabel zermusen und mit 100 Gramm Dickmilch, Süßstoff und Vanille verrühren.

### MITTAG **Brasilianischer Reis**

Eine Zwiebel, eine Knoblauchzehe, eine Paprikaschote und zwei Tomaten in Würfel schneiden. Einen halben Teelöffel Öl in einer beschichteten Pfanne erhitzen. Zuerst eine halbe Banane darin braten und wieder herausnehmen. Dann die Zwiebeln und den Knoblauch kurz anbraten. Paprikaschote, Tomaten und eine halbe Tasse Brühe (Instant) zugeben. Alles zwei Minuten dünsten. Vier Eßlöffel (am Mittwoch) gekochten Reis untermischen. Mit Salz, Pfeffer und Edelsüß-Paprika abschmecken. Ein Stückchen Kasseler (25 Gramm) darauflegen und zugedeckt fünf Minuten erwärmen. Mit der Banane und Petersilie anrichten. Salat: Eine Portion Kopfsalat zerpflücken. 100 Gramm Dickmilch mit Salz, Pfeffer, einer zerdrückten Knoblauchzehe und gehackten Kräutern (Petersilie, Schnittlauch, Kresse, Estragon) verrühren und über den Salat gießen.

ZUTATEN
75 g Kasseler, 1 Ei,
2 Scheiben
Knäckebrot,
200 g Dickmilch
(1,5 %),
1/2 Teel. Öl,
4 Eßl. gek. Reis,
1/2 Tasse Brühe
(Instant),
1 Teel. Honig,
1 Portion
Kopfsalat,
1 mittelgroße
Paprikaschote,
150 g Rosenkohl,
2 kleine Tomaten,
1 kleine Zwiebel, 2
Knoblauchzehen,
Petersilie,
Schnittlauch,
1 kleine Banane,
1 mittelgroße
Orange, Zitronen-
saft, Edelsüß-
Paprika, Pfeffer,
Salz, Süßstoff,
Vanille

### EXTRA **Orangenscheiben mit Maraschino**

Eine Orange schälen, in dünne Scheiben schneiden und auf einen Glasteller legen. Mit Süßstoff und Maraschino (oder Zitronensaft) beträufeln.

**Brasilianischer Reis**

### Rosenkohl mit Kasselerstreifen

150 Gramm geputzten Rosenkohl in Salzwasser
mit einigen Tropfen Süßstoff acht Minuten kochen.
Die Röschen halbieren und auf einem Teller verteilen. Mit Salz, Pfeffer und Zitronensaft würzen.
50 Gramm Kasseler in Streifen schneiden und
darüberstreuen. Mit gehackter Petersilie anrichten.

**In der grünen Diät gibt es viel
Gemüse und Obst – Sorten, die Sie
das ganze Jahr über kaufen könne**

# Alles über

Die grüne Diät ist genauso aufgebaut wie die Idealdiät. Der einzige Unterschied: Bei dieser Diät gibt es kein Fleisch, Fisch und Geflügel. Die strengen Richtlinien einer ovolactovegetabilen Kost wurden hier eingehalten. Eier gehören also dazu, sowie Milch und Milchprodukte, und natürlich jede Form von Gemüse. Hier bekommen Sie auch wieder 1000 Kalorien pro Tag in fünf Mahlzeiten: Das Frühstück enthält 200 Kalorien, das Mittagessen enthält 400 Kalorien, das Abendessen enthält 200 Kalorien und zwei Extra-Mahlzeiten enthalten je 100 Kalorien.

Sofern Sie bisher wenig mit vegetarischer Ernährung zu tun hatten, werden Sie hier auf einige Produkte stoßen, die neu für Sie sind. Da gibt es Vollkornnudeln statt normaler Nudeln, statt Reis Naturreis, statt normaler Hülsenfrüchte getrocknete Sojabohnen der Sorte Azuki und auch Sojamark, einen hochwertigen Eiweißträger. In der grünen Diät wird das praktiziert, worin manche Ernährungswissenschaftler die Ernährungsform der Zukunft sehen: die Vollwert-Ernährung. Hier werden Vollkornprodukte und pflanzliche Lebensmittel in den Vordergrund gestellt, die alle möglichst naturbelassen sind. Das gleiche gilt auch für die Fette – Sie sollten also Butter und kaltgepreßte, unraffinierte Pflanzenöle verwenden.

Grundsätzlich ist es nicht schwierig, auch bei einer vegetarischen Ernährung auf die notwendige

144

# lie grüne Diät

Menge Eiweiß zu kommen. Wenn man die Energiezufuhr allerdings auf 1000 Kalorien beschränkt, wird's knifflig. Dann muß man Nahrungsmittel mit einer hohen Nährstoffdichte – also mit wenig Kalorien und einem Höchstmaß an hochwertigem Eiweiß und Kohlenhydraten – aussuchen, um trotz Kalorienbeschränkung auf eine vernünftige Zusammensetzung zu kommen. In der ersten Diätwoche der grünen Diät wird das mit Sojaprodukten erreicht, in der zweiten mit Milchprodukten.

Bei der grünen Diät kommen Sie pro Tag im Durchschnitt auf 45 Gramm Eiweiß, 30 Gramm Fett und 120 Gramm Kohlenhydrate.

# 1.Woche

Hier finden Sie nun viele neue und liebevoll zusammengestellte Gerichte ohne Fleisch, Fisch und Geflügel, dafür aber mit Sojamark. Sie bekommen es in Reformhäusern und in den Diätabteilungen von Supermärkten und Kaufhäusern. Wenn Ihnen ein Gericht einmal nicht zusagt, können Sie es auch gegen die entsprechende Mahlzeit eines anderen Tages austauschen. Denken Sie aber daran, daß die Einkaufsliste nur dann funktioniert, wenn Sie sich an das Originalprogramm halten.

# Einkauf – 1. Woche

| Bezeichnung | SO · | MO · | DI · | MI · | DO · | FR · | SA |
|---|---|---|---|---|---|---|---|
| Eier (Handelsklasse 4) | 3 | | | | | 1 | 1 |
| Vollkornbrot (1 Scheibe = 50 Gramm) | 25 | | 50 | 25 | 50 | | |
| Dickmilch (1,5 %) (1 Becher = 500 Gramm) | | | | | | 300 | 200 |
| körniger Frischkäse (1 Becher = 200 Gramm) | | 100 | | 100 | | | |
| Magerquark (1 Becher = 250 Gramm) | | 100 | 100 | | 50 | | |
| geriebener Käse (45 %) (1 Eßl. = 10 Gramm) | 20 | 20 | 20 | | | 20 | 20 |
| Blattspinat (Gramm) | 200 | | | | | | |
| Sojasprossen (1 Glas = 150 Gramm) | | | 50 | | | 100 | |
| Champignons (Gramm) | | | | 100 | | 100 | |
| Chicorée (1 Staude = 200 Gramm) | 200 | | | | | | |
| Gurke (1 mittelgr. = 500 Gramm) | | | 50 | | | 250 | 200 |
| Knollensellerie (Gramm) | | | 100 | | | | 100 |
| Kohlrabi (2 kleine = je 150 Gramm) | | 300 | | | | | |
| Kopfsalat (1 Kopf = 200 Gramm) | | | 20 | | 50 | 130 | |
| Paprikaschoten (1 mittelgr. = 150 Gramm) | | 150 | | | | | 300 |
| Porree (1 mittelgr. Stange = 150 Gramm) | | 150 | | | | | |
| Radieschen (1 Bund = 100 Gramm) | | | | 100 | | | |
| TK-Suppengrün (1 Päckchen = 50 Gramm) | | | | | 50 | | |
| Tomaten (1 kleine = 50 Gramm) | | 100 | | 200 | 50 | | 200 |
| Basilikum | | | | X | | | |
| Dill | X | | X | | X | X | X |
| Kresse | | | | X | | | |
| Petersilie | | X | X | X | X | | X |
| Schnittlauch | X | | X | | X | X | X |
| Apfel (1 großer = 150 Gramm) | | | 75 | 75 | | | |
| Bananen (1 kleine = 100 Gramm) | | | 100 | | | 100 | |
| Birne (1 mittelgr. = 175 Gramm) | | 175 | | | | | |
| TK-Erdbeeren (1 Paket = 250 Gramm) | | | | | | 125 | 125 |
| TK-Himbeeren (1 Paket = 250 Gramm) | 125 | 125 | | | | | |
| Kiwis (1 mittelgr. = 100 Gramm) | 100 | | | | 200 | | |
| Orangen (1 mittelgr. = 200 Gramm) | | | 100 | 100 | | 100 | 100 |

# Sonntag

### `FRÜHSTÜCK` Pfannkuchen mit Ahornsirup

Ein Ei mit zwei Teelöffel Kaffeesahne (10 % Fett), einer Prise Salz und einem halben Eßlöffel Mehl verquirlen. Einen halben Teelöffel Butter oder Margarine in einer beschichteten Pfanne erhitzen und drei kleine Pfannkuchen ausbacken. Zwei Eßlöffel Ahornsirup darübergießen.

### `EXTRA` Schnittlauchbrot

Eine halbe Scheibe Vollkornbrot mit einem Teelöffel Butter oder Margarine bestreichen und dick mit Schnittlauch bestreuen.

### `MITTAG` Spinatsoufflé

200 Gramm verlesenen und gewaschenen Spinat in einem heißen Topf zusammenfallen lassen. Das Spinatwasser abgießen. Den Spinat mit einer zerdrückten Knoblauchzehe, Salz, Pfeffer und einem halben Teelöffel Butter oder Margarine würzen und in eine ofenfeste Form füllen. Zwei Eier trennen. Die beiden Eigelb mit einem Teelöffel Butter oder Margarine, zwei Eßlöffel geriebenem Käse (45 % Fett), zwei Teelöffel Crème fraîche, etwas Salz und einer Messerspitze Muskat schaumig schlagen. Das Eiweiß steif schlagen, vorsichtig unter die Eigelbmasse heben und über den Spinat gießen. 20 Minuten bei 180 Grad/Gas Stufe 3 goldgelb überbacken.

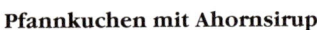

**Pfannkuchen mit Ahornsirup**

**Spinatsoufflé**

**EXTRA** **Kiwischeiben mit Himbeeren**

Ein halbes Paket tiefgekühlte Himbeeren auftauen lassen. Eine Kiwi schälen und in Scheiben schneiden. Die Himbeeren darauf verteilen. Mit Zitronensaft und Süßstoff beträufeln.

**ABEND** **Chicoréesalat mit Nußcreme**

Eine Staude Chicorée putzen, die einzelnen Blätter lösen und auf einem Teller anrichten. Einen Teelöffel Crème fraîche, zwei Teelöffel Tomatenketchup, zwei Eßlöffel Weißwein, Salz, Pfeffer, Süßstoff und Dill verrühren. Zwei gehackte Walnüsse zugeben und die Soße über den Chicorée gießen. Dazu gibt es drei Pumpernickeltaler.

# Montag

### FRÜHSTÜCK Vanillecreme mit Himbeeren

Ein halbes Paket tiefgekühlte Himbeeren auftauen lassen. 100 Gramm Magerquark mit vier Teelöffel Kaffeesahne (10 % Fett), Vanille und Süßstoff verrühren. Die Himbeeren darauf verteilen. Dazu: zwei Scheiben Flachknäcke.

**ZUTATEN**
2 Scheiben
Flachknäcke,
4 Teel. Kaffeesahne
(10 %),
1/2 Becher körniger Frischkäse,
100 g Magerquark,
2 Eßl. geriebener
Käse (45 %),
1 Teel. Gemüsebrühe (Instant),
4 mittelgroße
Kartoffeln,
2 kl. Kohlrabis,
1 mittelgr. Paprikaschote,
1 Stange Porree,
2 kleine Tomaten,
2 kleine Zwiebeln,
Petersilie,
1 mittelgroße
Birne, 1/2 Paket
TK-Himbeeren,
2 Eßl. Obstessig,
1 Teel. getr.
Majoran, Pfeffer,
Salz, Süßstoff,
Vanille

### EXTRA Zwei kleine Kohlrabis

### MITTAG Majorankartoffeln

Vier Kartoffeln gründlich bürsten und mit Schale in dünne Scheiben, eine Stange Porree in feine Ringe schneiden. Die Hälfte der Kartoffelscheiben und der Porreeringe in eine beschichtete Pfanne mit Deckel legen. Mit je einem halben Teelöffel Instant-Gemüsebrühe, Majoran, wenig Salz und Pfeffer bestreuen, dann die andere Hälfte der Kartoffelscheiben und Porreeringe darauf verteilen. Wieder mit je einem halben Teelöffel Instant-Gemüsebrühe, Majoran, wenig Salz und Pfeffer würzen und mit zwei Eßlöffel geriebenem Käse (45 % Fett) bestreuen. Eine halbe Tasse Wasser zugießen, den Deckel schließen und bei schwacher Hitze 20 Min. garen. Eventuell etwas Wasser nachgießen. Mit gehackter Petersilie bestreuen.

EXTRA **Eine mittelgroße Birne**

ABEND **Griechischer Salat**

Eine Paprikaschote halbieren und in Streifen, zwei Tomaten in Achtel und zwei Zwiebeln in dünne Ringe schneiden. Das Gemüse mischen und einen halben Becher körnigen Frischkäse darauf verteilen. Zwei Eßlöffel Obstessig mit Salz, Pfeffer und einigen Tropfen Süßstoff verrühren und über den Salat gießen. Mit gehackter Petersilie bestreuen.

**Majorankartoffeln**

# Dienstag

### FRÜHSTÜCK Brot mit Käse und Gurkenwürfeln

Eine Scheibe Vollkornbrot mit einem Teelöffel Senf bestreichen. Einige Salatblätter und eine Scheibe Käse (45% Fett) darauflegen. Ein Stückchen Gurke schälen, in Würfel schneiden und auf dem Brot verteilen. Mit gehacktem Dill und Pfeffer bestreuen.

### EXTRA Quark mit Sojasprossen

100 Gramm Magerquark mit etwas Mineralwasser und Süßstoff cremig rühren. 50 Gramm Sojasprossen kleinschneiden und mit dem Quark verrühren.

**Gebratene Banane
und Naturreis**

**\*\*TIP:** Kochen Sie bis zum Mittagessen 80 Gramm Sojamark 20 Minuten lang in gut drei Tassen Wasser mit einem Lorbeerblatt, einer kleingehackten Zwiebel, Salz und Pfeffer. Das ergibt 320 Gramm gekochtes Sojamark. Teilen Sie es in vier Portionen. Frieren Sie zwei davon bis Donnerstag bzw. Samstag ein, je eine brauchen Sie heute und morgen.

## MITTAG Gebratene Banane und Naturreis

Zwei Eßlöffel Naturreis* in Salzwasser körnig kochen. Eine kleine Zwiebel würfeln, eine Banane in Scheiben, 80 Gramm gekochtes Sojamark** in kleine Stücke schneiden. Einen Teelöffel Butter oder Margarine in einer beschichteten Pfanne erhitzen. Die Zwiebelwürfel darin glasig braten, Bananenscheiben und Sojamarkwürfel zugeben und kurz bei hoher Hitze braten. Mit Salz, Pfeffer, einem Eßlöffel Zitronensaft und gehackter Petersilie würzen und neben dem Reis anrichten. Zwei Eßlöffel Wasser in die Pfanne geben. Vier Teelöffel Crème fraîche und einen Teelöffel Curry hineinrühren, aufkochen, bis die Soße sämig ist, mit etwas Süßstoff würzen und über den Reis gießen.

## EXTRA Brühe mit Kräuterknäcke

Eine Tasse Gemüsebrühe (Instant) erhitzen. Zwei Scheiben Flachknäcke mit einem Teelöffel Butter oder Margarine bestreichen und mit Schnittlauchröllchen bestreuen.

## ABEND Waldorfsalat

Einen halben Apfel und 100 Gramm Knollensellerie in Stifte, eine halbe Orange in kleine Stücke schneiden, einen Teelöffel Haselnüsse hacken. Alles gut mischen. Drei Teelöffel Crème fraîche mit zwei Eßlöffel Zitronensaft, Salz, Pfeffer und Süßstoff verrühren und über den Salat gießen. Einmal gut durchmischen.

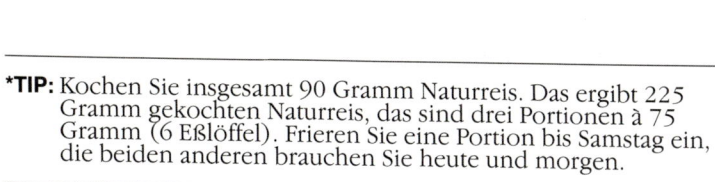

---

**\*TIP:** Kochen Sie insgesamt 90 Gramm Naturreis. Das ergibt 225 Gramm gekochten Naturreis, das sind drei Portionen à 75 Gramm (6 Eßlöffel). Frieren Sie eine Portion bis Samstag ein, die beiden anderen brauchen Sie heute und morgen.

---

# Mittwoch

ZUTATEN
2 Scheiben
Flachknäcke,
1/2 Scheibe
Vollkornbrot,
1/2 Becher körni-
ger Frischkäse,
1/2 Teel. Butter o.
Margarine,
2 Teel. Öl,
4 Teel. Tomaten-
mark, 60 g Voll-
kornspaghetti,
6 Eßl. gek.
Naturreis,
80 g gek. Soja-
mark,
1 Eßl. Ahornsirup,
1 Walnuß, 100 g
Champignons,
1 Bund
Radieschen,
4 kleine Tomaten,
4 kleine Zwiebeln,
Basilikum,
Petersilie,
1/2 gr. Apfel,
1/2 mittelgroße
Orange,
1 Eßl. Zitronensaft,
2 Eßl. Obstessig,
Pfeffer, Salz,
Süßstoff,
1 Teel. getr.
Thymian

### FRÜHSTÜCK Süßer Frischkäse

Einen halben Becher körnigen Frischkäse in einem Schälchen anrichten. Einen Eßlöffel Ahornsirup darüberträufeln und mit einer gehackten Walnuß bestreuen. Dazu gibt es zwei Scheiben Flach-knäcke.

### EXTRA Butterbrot und Radieschen

Eine halbe Scheibe Vollkornbrot mit einem halben Teelöffel Butter oder Margarine bestreichen. Dazu gibt es ein Bund Radieschen.

### MITTAG Vollkornspaghetti mit Tomatensoße

60 Gramm Vollkornspaghetti* in Salzwasser bißfest kochen. Zwei Zwiebeln würfeln, vier Tomaten und 80 Gramm gekochtes Sojamark kleinschnei-den. Einen Teelöffel Öl in einer beschichteten Pfanne erhitzen und die Zwiebeln darin glasig bra-ten. Tomaten und Sojastückchen zugeben und unter Rühren fünf Minuten schmoren. Mit vier Tee-löffel Tomatenmark, Salz, Pfeffer, Süßstoff und einem Teelöffel Thymian abschmecken. Die Soße über die Spaghetti gießen und mit Basilikum bestreuen.

### EXTRA Salat aus Apfel und Orange

Einen halben Apfel und eine halbe Orange in kleine Stücke schneiden. Mit einem Eßlöffel Zitro-nensaft und Süßstoff beträufeln.

---

**\*TIP:** Kochen Sie heute 150 Gramm Vollkornspaghetti, das ergibt 375 Gramm gekochte. 150 Gramm brauchen Sie heute, 75 Gramm morgen und 150 Gramm am Freitag.

154

**Vollkornspaghetti mit Tomatensoße**

### ABEND Reissalat mit Champignons

100 Gramm Champignons in Scheiben, zwei
kleine Zwiebeln in dünne Streifen schneiden. Mit
sechs Eßlöffel gekochtem Naturreis mischen.
Einen Teelöffel Öl mit zwei Eßlöffel Obstessig, Salz
und Pfeffer verrühren und über den Salat gießen.
Mit gehackter Petersilie bestreuen und eine Weile
ziehen lassen.

**TIP:** Weichen Sie heute 100 Gramm Azukibohnen in einem halben
Liter Wasser mit einem Lorbeerblatt und einer Messerspitze
Pfeffer ein. Einmal aufkochen und bis morgen im Einweich-
wasser stehenlassen.

# Donnerstag

FRÜHSTÜCK **Schnittlauchbrot**
Zwei Eßlöffel Magerquark mit zwei Teelöffel
Crème fraîche, Salz und Pfeffer verrühren und auf
eine Scheibe Vollkornbrot streichen. Mit Schnittlauchröllchen bestreuen.

EXTRA **Zwei mittelgroße Kiwis**

**Sojabohneneintopf**

**MITTAG** **Sojabohneneintopf**

Drei Viertel der eingeweichten Azukibohnen* (75 Gramm) im Einweichwasser mit dem Lorbeerblatt 20 bis 25 Minuten kochen. Ein Päckchen tiefgekühltes Suppengrün zugeben und weitere fünf Minuten kochen. In der Zwischenzeit eine Zwiebel in Scheiben schneiden und in einem Teelöffel Butter oder Margarine goldgelb braten. Die Suppe mit Obstessig, Rosenpaprika, Salz, Pfeffer und Süßstoff kräftig süß-sauer abschmecken und zum Schluß die Zwiebeln darauf verteilen.

ZUTATEN
3 Taler Pumpernickel, 1 Scheibe Vollkornbrot,
4 Teel. Crème fraîche,
2 Eßl. Magerquark,
1 Teel. Butter o. Margarine,
1/2 Teel. Öl,
75 g gek. Vollkornspaghetti,
80 g gekochtes Sojamark,
75 g eingew. Azukibohnen,
1 kleine Portion Kopfsalat,
1 Päckchen TK-Suppengrün,
1 kleine Tomate,
2 kleine Zwiebeln,
Dill, Kresse, Petersilie, Schnittlauch,
2 mittelgr. Kiwis, Obstessig,
1 Lorbeerblatt,
Pfeffer, Rosenpaprika, Salz, Süßstoff

**EXTRA** **Pumpernickel mit Tomate**

Drei Taler Pumpernickel mit zwei Teelöffel Crème fraîche bestreichen. Mit Salz, Pfeffer und Kresse bestreuen. Dazu eine Tomate.

**ABEND** **Nudelsalat mit warmer Sojasoße**

Eine kleine Portion Kopfsalat in Streifen, 75 Gramm (am Mittwoch) gekochte Vollkornspaghetti in drei Zentimeter lange Stücke schneiden und gut mischen. Eine beschichtete Pfanne mit Öl auspinseln. Eine gehackte Zwiebel und 80 Gramm in kleine Würfel geschnittenes, gekochtes Sojamark darin braten. Zwei Eßlöffel Obstessig zugießen, kurz erwärmen, mit Salz, Pfeffer und etwas Süßstoff würzen und über den Salat gießen. Mit gehackten Kräutern (Dill, Petersilie, Schnittlauch, Kresse) bestreuen.

---

**\*TIP:** Kochen Sie die gesamte Menge der eingeweichten Azukibohnen (100 Gramm). Nehmen Sie, bevor Sie das Suppengrün zufügen, ein Viertel ab, und frieren Sie sie bis Samstag für den Bohnensalat ein.

---

# Freitag

### FRÜHSTÜCK Dickmilch mit Erdbeeren

200 Gramm Dickmilch mit einem Eßlöffel Ahornsirup verrühren. Ein halbes Paket tiefgekühlte Erdbeeren auftauen lassen und mit der Dickmilch
übergießen. Mit einem Teelöffel Pistazien
bestreuen.

### EXTRA Gurkenscheiben mit geriebenem Käse

Eine halbe Gurke schälen und in dicke Scheiben
schneiden. Mit Salz, gehacktem Dill und zwei
Eßlöffel geriebenem Käse (45 % Fett) bestreuen.

**ZUTATEN**
1 Ei, 1 Scheibe
Flachknäcke,
300 g Dickmilch
(1,5 %),
2 Eßl. geriebener
Käse (45 %),
1 Teel. Butter o
Margarine,
150 g gek.
Vollkornspaghetti,
1 Eßl. Ahornsirup,
1 Teel. Haselnüsse,
1 Teel. Pistazien,
100 g
Sojasprossen,
100 g
Champignons,
1/2 mittelgr. Gurke,
1 gr. Portion
Kopfsalat, Dill,
Schnittlauch,
1 kleine Banane,
1/2 Paket
TK-Erdbeeren,
1/2 mittelgr.
Orange,
Zitronensaft,
Pfeffer, Salz,
Süßstoff

### MITTAG Nudelpfanne mit grünem Salat

150 Gramm (am Mittwoch) gekochte Vollkornspaghetti kleinschneiden, 100 Gramm Champignons putzen und halbieren. Einen Teelöffel Butter
oder Margarine in einer beschichteten Pfanne
erhitzen und die Spaghetti zusammen mit den
Champignons braten. Ein Ei mit Salz, Pfeffer und
Schnittlauchröllchen verquirlen, über die Spaghetti und Champignons gießen und langsam
stocken lassen, dabei gelegentlich wenden.
Salat: Eine große Portion Kopfsalat zerpflücken.
Zwei Eßlöffel Zitronensaft mit Salz, Pfeffer, Süßstoff
und gehacktem Dill verrühren und über den Salat
gießen.

### EXTRA Eine kleine Banane

### ABEND Sojasprossensalat

Eine halbe Orange schälen und in dünne
Scheiben schneiden. Mit 100 Gramm Sojasprossen mischen. 100 Gramm Dickmilch mit
einem Eßlöffel Zitronensaft, Salz, Pfeffer und Süßstoff verrühren und über den Salat gießen. Mit
einem Teelöffel gehackten Haselnüssen bestreuen.
Dazu eine Scheibe Flachknäcke.

# Samstag

**FRÜHSTÜCK** **Kräuteromelett**

Ein Ei mit Salz und Pfeffer verquirlen. Einen halben Teelöffel Butter oder Margarine in einer beschichteten Pfanne erhitzen. Die Eimasse hineingießen und langsam stocken lassen. Bevor die Oberseite ganz fest ist, zwei Eßlöffel gehackte Kräuter (Dill, Petersilie, Schnittlauch) daraufstreuen, das Omelett zusammenklappen und auf einen Teller gleiten lassen. Drei Taler Pumpernickel mit einem Teelöffel Crème fraîche bestreichen, mit dicken Gurkenscheiben belegen und mit gehacktem Dill bestreuen.

**EXTRA** **Vanillemilch**

200 Gramm Dickmilch mit Vanille und Süßstoff verquirlen.

**MITTAG** **Gefüllte Paprikaschoten**

Von zwei mittelgroßen Paprikaschoten die Deckel abschneiden und die Rippen und Kerne entfernen. 75 Gramm (am Dienstag) gekochten Naturreis mit Salz, Pfeffer, zwei Eßlöffel geriebenem Käse (45 % Fett), 80 Gramm feingewürfeltem gekochtem Sojamark und zwei Eßlöffel Petersilie mischen und in die Paprikaschoten füllen. Die Deckel wieder darauflegen und die Paprikaschoten in einen Topf mit vier Eßlöffel Wasser und einem Teelöffel Instant-Gemüsebrühe setzen und alles zugedeckt auf schwacher Hitze zehn Minuten dünsten. Vier Tomaten und eine Zwiebel kleinschneiden, zugeben und zehn Minuten weiterkochen, die letzten fünf Minuten ohne Deckel. Die Soße mit vier Teelöffel Tomatenmark, Salz, Pfeffer und Süßstoff abschmecken, mit gehackter Petersilie bestreuen.

ZUTATEN
1 Ei, 3 Taler Pumpernickel,
1 Teel. Crème fraîche,
200 g Dickmilch (1,5 %),
2 Eßl. geriebener Käse (45 %),
1/2 Teel. Butter o. Margarine,
1 Teel. Öl, 4 Teel. Tomatenmark,
6 Eßl. gek. Naturreis,
80 g gek. Sojamark,
1 Teel. Instant-Gemüsebrühe,
1 Teel. Ahornsirup,
25 g eingew. Azukibohnen,
200 g Gurke,
100 g Knollensellerie, 2 mittelgr. Paprikaschoten,
4 kleine Tomaten,
2 kleine Zwiebeln,
Dill, Petersilie, Schnittlauch,
1/2 Paket TK-Erdbeeren,
1/2 mittelgr. Orange,
Zitronensaft,
2 Eßl. Obstessig,
Pfeffer, Salz,
Süßstoff, Vanille

# Einkauf – 2. Woche

| Bezeichnung | SO | MO | DI | MI | DO | FR | SA |
|---|---|---|---|---|---|---|---|
| Eier (Handelsklasse 4) | 3 | | | | | 1 | 1 |
| Vollkornbrot (1 Scheibe = 50 Gramm) | 25 | 100 | 25 | 75 | 50 | 50 | 25 |
| Harzer Käse (10%) (1 Stange = 125 Gramm) | | | | 62 | | | 62 |
| körniger Frischkäse (1 Becher = 200 Gramm) | | | 100 | | 100 | | |
| Magermilch (1/2 Liter = 500 Gramm) | | | 250 | 250 | | | |
| Magermilchjoghurt (1 Becher = 150 Gramm) | | | | 150 | | | 300 |
| Magerquark (1 Becher = 250 Gramm) | 100 | 150 | | 100 | 150 | | |
| geriebener Käse (45%) (1 Eßl. = 10 Gramm) | | 40 | 10 | | 50 | | |
| Blumenkohl (1 mittelgr. = 400 Gramm) | | | | | | 400 | |
| Sojasprossen (1 Glas = 150 Gramm) | | | 50 | 50 | 50 | | |
| Champignons (Gramm) | | | | 100 | | | |
| Gurken (1 mittelgr. = 500 Gramm) | | 250 | 250 | | 200 | 50 | 250 |
| Knollensellerie (Gramm) | | | 150 | | | | |
| Kopfsalat (1 Kopf = 200 Gramm) | | | | | 50 | 50 | 100 |
| Möhren (1 große = 125 Gramm) | 125 | | 125 | | | | |
| Paprikaschote (1 mittelgr. = 150 Gramm) | | | | | 75 | 75 | |
| Tomaten (1 kleine = 50 Gramm) | 50 | 50 | 50 | | 100 | 100 | |
| Zucchini (1 kleine = 150 Gramm) | | | | | 75 | 75 | |
| Maiskolben (1 großer = 75 Gramm eßb. Anteil) | 150 | | | | | | |
| Basilikum | | X | | | | | X |
| Dill | | X | X | | | | X |
| Kerbel | X | X | | | | | |
| Kresse | | | X | X | | | |
| Liebstöckel | | X | X | | | | X |
| Petersilie | X | X | X | X | X | X | X |
| Rosmarin | | | | | X | | |
| Schnittlauch | X | X | | | | | X |
| Apfel (1 großer = 150 Gramm) | | | | | 150 | | |
| Bananen (1 kleine = 100 Gramm) | | 100 | | | | 50 | 50 |
| Pfirsiche (1 mittelgr. = 125 Gramm) | 125 | 125 | | | | | |

# Sonntag

ZUTATEN
3 Eier, 4 Taler
Pumpernickel,
1/2 Scheibe Voll-
kornbrot, 2 Teel.
Crème fraîche,
100 g Magerquark,
2 1/2 Teel. Butter
o. Margarine,
1 Teel. Senf, 2 Teel.
Tomatenmark,
1 Teel. Instant-
Gemüsebrühe,
1 Teel. Ahornsirup,
1 Teel. Pistazien,
2 Teel. Rosinen,
2 mittelgr.
Kartoffeln,
1 große Möhre,
1 kleine Tomate,
2 große
Maiskolben,
2 Eßl. Kerbel,
1 Eßl. Petersilie,
Schnittlauch,
1 mittelgr. Pfirsich,
Obstessig, Salz,
Süßstoff,
Mineralwasser

FRÜHSTÜCK **Crêpes mit Quarkfüllung**
100 Gramm Magerquark mit etwas Mineralwasser und Süßstoff cremig rühren. Zwei Teelöffel Rosinen unterheben. Ein Ei mit einem Eßlöffel Mineralwasser und einer Prise Salz verquirlen. Einen halben Teelöffel Butter oder Margarine in einer beschichteten Pfanne erhitzen und zwei dünne Crêpes ausbacken. Jeweils die Hälfte der Quarkmasse auf ein Crêpe streichen und zusammenklappen.

EXTRA **Tomatenhappen**
Vier Pumpernickeltaler mit zwei Teelöffel Tomatenmark bestreichen und mit Schnittlauch bestreuen. Eine Tomate vierteln, auf die Pumpernickeltaler legen und mit Salz würzen.

MITTAG **Pochierte Eier in Kerbelcreme**
Eine Möhre und zwei Kartoffeln schälen, würfeln und in einer halben Tasse Wasser mit einem Teelöffel Instant-Gemüsebrühe sehr weich kochen. Mit einem Schneebesen zu Mus verrühren. Einen Eßlöffel gehackte Petersilie unterheben. Salzwasser mit einem kräftigen Schuß Essig zum Kochen bringen. Zwei Eier nacheinander über einer Kelle aufschlagen und vorsichtig in das siedendheiße (nicht sprudelnde) Wasser gleiten lassen. Nach knapp vier Minuten mit einer Schaumkelle herausnehmen. In der Zwischenzeit in einer kleinen Pfanne zwei Eßlöffel Wasser, zwei Teelöffel Crème fraîche und einen Teelöffel Senf verrühren, aufkochen, bis die Soße sämig ist, mit zwei Eßlöffel gehacktem Kerbel verrühren und über die Eier gießen.

### EXTRA **Pfirsich mit Pistazien**

Einen sehr reifen Pfirsich halbieren, den Kern herausdrehen und mit den Schnittflächen nach oben auf einen Glasteller legen. Mit einem Teelöffel gehackter Pistazien bestreuen und mit einem Teelöffel Ahornsirup beträufeln.

### ABEND **Maiskolben mit Butter**

Zwei Maiskolben 20 Minuten in Wasser mit etwas Süßstoff weich kochen, gut abtropfen lassen und auf einen Teller legen. Mit einem Teelöffel Butterflöckchen und wenig Salz bestreuen. Dazu eine halbe Scheibe Vollkornbrot mit einem Teelöffel Butter oder Margarine und Schnittlauchröllchen.

# Montag

### FRÜHSTÜCK Pfirsichbrot

Eine Scheibe Vollkornbrot mit zwei Teelöffel Crème fraîche bestreichen. Einen Pfirsich in Spalten schneiden und auf dem Brot verteilen.

### EXTRA Knäckebrot mit Käse

Eine Scheibe Flachknäcke mit einem Teelöffel Senf bestreichen. Eine Scheibe Käse oder zwei Eßlöffel geriebenen Käse (45 % Fett) darauf verteilen und mit Schnittlauch bestreuen.

### MITTAG Frühlingsquark mit Kartoffeln

Drei Kartoffeln* gründlich bürsten und mit Schale kochen. 150 Gramm Magerquark mit einem Teelöffel Öl, zwei Teelöffel Crème fraîche, Salz, Pfeffer und einer zerdrückten Knoblauchzehe verrühren. Zwei Eßlöffel gehackte Kräuter (Basilikum, Dill, Kerbel, Liebstöckel, Petersilie, Schnittlauch) unterziehen. Die Kartoffeln mit Schale neben dem Quark anrichten.
Salat: Eine halbe Gurke in dünne Scheiben hobeln. Mit viel Zitronensaft, wenig Salz und etwas Süßstoff würzen. Mit gehacktem Dill oder Petersilie bestreuen.

**\*TIP:** Kochen Sie für Dienstag und Mittwoch fünf Kartoffeln mehr mit.

**EXTRA** **Eine kleine Banane**

**ABEND** **Pizzabrot**

Eine Scheibe Vollkornbrot mit zwei Teelöffel Tomatenmark bestreichen. Eine Tomate in Scheiben schneiden und auf dem Brot verteilen. Mit Salz, Pfeffer und Thymian würzen. Zwei Eßlöffel geriebenen Käse (45 % Fett) darüberstreuen. Das Brot in eine Pfanne mit Deckel legen und zugedeckt bei schwacher Hitze erwärmen, bis der Käse geschmolzen ist. Mit gehacktem Basilikum bestreuen.

ZUTATEN
1 Scheibe
Flachknäcke,
2 Scheiben Voll-
kornbrot,
4 Teel. Crème
fraîche,
150 g Magerquark,
4 Eßl. Käse (45 %),
1 Teel. Öl,
1 Teel. Senf, 2 Teel.
Tomatenmark,
1/2 mittelgroße
Gurke,
3 mittelgroße
Kartoffeln,
1 kleine Tomate,
Basilikum, Dill,
Kerbel,
Knoblauchzehe,
Liebstöckel,
Petersilie,
Schnittlauch,
1 kleine Banane,
1 mittelgroßer
Pfirsich,
Zitronensaft,
Pfeffer, Salz,
Süßstoff,
getr. Thymian

# Dienstag

### FRÜHSTÜCK Frischkäse mit Dill

Einen halben Becher körnigen Frischkäse mit zwei Teelöffel Crème fraîche, Salz und Pfeffer verrühren und mit gehacktem Dill bestreuen. Eine halbe Scheibe Vollkornbrot mit einem halben Teelöffel Butter oder Margarine bestreichen und einige dünne Gurkenscheiben darauflegen.

### EXTRA Möhren-Selleriesalat

Eine Möhre und 150 Gramm Knollensellerie raffeln. Mit viel Zitronensaft, wenig Salz, Süßstoff und gehacktem Liebstöckel (oder Petersilie) mischen.

### MITTAG Milchreis mit Zimt

Zwei Eßlöffel Naturreis mit einem Viertelliter Magermilch, zwei Teelöffel Crème fraîche, je einem Stück Vanilleschote und Zitronenschale sowie einer Prise Salz aufkochen. 50 Minuten bei schwacher Hitze köcheln lassen. Mit Zimt bestreuen, einen Eßlöffel Ahornsirup und einen Teelöffel gehackte Haselnüsse darübergeben.

### EXTRA Käsetaler

Zwei Pumpernickeltaler mit einem Teelöffel Tomatenmark bestreichen und mit gehackter Petersilie und einem Eßlöffel geriebenem Käse (45 % Fett) bestreuen.

ZUTATEN
2 Taler Pumpernickel,
1/2 Scheibe Vollkornbrot, 4 Teel. Crème fraîche,
1/2 Becher körniger Frischkäse,
1/4 Liter Magermilch,
1 Eßl. ger. Schnittkäse (45 %),
1/2 Teel. Butter o. Margarine,
1 Teel. Senf, 1 Teel. Tomatenmark,
2 Eßl. Naturreis,
1 Eßl. Ahornsirup,
1 Teel. Haselnüsse,
50 g Sojasprossen,
1/2 mittelgr. Gurke,
2 gek. Kartoffeln,
150 g Knollensellerie,
1 große Möhre,
1 kleine Tomate,
1 kleine Zwiebel,
Dill, Kresse, Liebstöckel, Petersilie, Zitronenschale,
3 Eßl. Obstessig, Pfeffer, Salz, Süßstoff, Vanille, Zimt

**Milchreis mit Zimt**

### ABEND **Bunter Salat mit Kresse**

Zwei (am Montag) gekochte, gepellte Kartoffeln
und 200 Gramm Gurke in dünne Scheiben und
eine Tomate in Viertel schneiden. Alles zusammen
mit 50 Gramm Sojasprossen mischen. Eine Zwiebel würfeln und mit drei Eßlöffel Obstessig, einem
Teelöffel Senf, Salz, Pfeffer und einigen Tropfen
Süßstoff in einem Pfännchen kurz aufkochen, über
den Salat gießen und durchmischen. Zum Schluß
mit Kresse bestreuen.

# Mittwoch

### FRÜHSTÜCK Porridge

Eine Tasse Wasser mit einer Prise Salz und etwas Zitronenschale aufkochen. Vier Eßlöffel Vollkornhaferflocken zugeben, einmal umrühren und nachquellen lassen. Mit einem Teelöffel Ahornsirup und einer Tasse Magermilch übergießen.

### EXTRA Vollkornbrot mit Kresse

Eine halbe Scheibe Vollkornbrot mit zwei Teelöffel Crème fraîche und Kresse anrichten.

### MITTAG Béchamelkartoffeln

Drei (am Montag) gekochte Kartoffeln und 100 Gramm Champignons in Scheiben schneiden, zwei Zwiebeln fein würfeln. Einen Teelöffel Butter oder Margarine in einem Topf erhitzen und die Zwiebelwürfel darin glasig werden lassen. Mit einem Teelöffel Mehl bestäuben und unter Rühren kurz anrösten. Eine Tasse Magermilch mit vier Teelöffel Crème fraîche, einem Teelöffel Instant-Gemüsebrühe und einer Messerspitze Muskat verrühren, die Flüssigkeit zugeben. Dabei ständig rühren. Einmal aufkochen, dann die Kartoffel- und Champignonscheiben zugeben und kurz erwärmen. Mit Salz, Pfeffer und Zitronensaft abschmecken und mit Petersilie bestreuen.

### EXTRA Sojasprossen mit Nüssen

Einen Becher Magermilchjoghurt mit Zitronensaft und Süßstoff verrühren und über 50 Gramm Sojasprossen gießen. Mit einer gehackten Walnuß bestreuen.

### ABEND Liptauer auf Vollkornbrot

100 Gramm Magerquark mit Salz, Pfeffer und Edelsüß-Paprika verrühren und auf eine Scheibe Vollkornbrot streichen. Eine Zwiebel in Ringe schneiden und darauf verteilen.

ZUTATEN
4 Eßl. Vollkornhaferflocken,
1 Teel. Mehl,
1 1/2 Scheiben Vollkornbrot,
6 Teel. Crème fraîche,
1/4 Liter Magermilch,
1 Becher Magermilchjoghurt,
100 g Magerquark,
1 Teel. Butter o. Margarine,
1 Teel. Instant-Gemüsebrühe,
1 Teel. Ahornsirup,
1 Walnuß,
50 g Sojasprossen,
100 g Champignons,
3 gek. Kartoffeln,
3 kleine Zwiebeln,
Kresse, Petersilie,
Zitrone, Edelsüß-Paprika, 1 Msp.
Muskat, Pfeffer,
Salz,
Süßstoff

**Béchamelkartoffel**

# Rezepte für
## Fenchel

farmer stolz

# Donnerstag

**FRÜHSTÜCK** **Brot mit Sojasprossen**

Eine Scheibe Vollkornbrot mit zwei Eßlöffel Magerquark bestreichen. 50 Gramm Sojasprossen darauf verteilen. Mit Salz und Pfeffer würzen.

**EXTRA** **Vanillequark**

100 Gramm Magerquark mit zwei Teelöffel Crème fraîche, Vanille, Zitronensaft und Süßstoff verrühren.

**Ratatouille**

## `MITTAG` **Ratatouille**

Zwei Eßlöffel Naturreis* in Salzwasser körnig kochen. Eine halbe Paprikaschote in Stücke, eine halbe Zucchini in Scheiben, zwei Zwiebeln in große Würfel, zwei Tomaten in Viertel und 200 Gramm Gurke in Halbmonde schneiden, eine Knoblauchzehe hacken. Das Gemüse zusammen mit einem Rosmarinzweig in je zwei Eßlöffel Wasser und Obstessig in einem Topf fünf Minuten dünsten. Den Gemüsesaft mit Salz, Pfeffer, Edelsüß-Paprika, einigen Tropfen Süßstoff und vier Teelöffel Tomatenmark verrühren. Das Gemüse kurz in der Soße schwenken, den Naturreis am Rand verteilen, mit fünf Eßlöffel geriebenem Käse bestreuen und zugedeckt warm halten, bis der Käse geschmolzen ist. Mit Petersilie bestreuen.

## `EXTRA` **Ein großer Apfel**

## `ABEND` **Flachknäcke mit Harzer Käse**

Drei Scheiben Flachknäcke mit drei Teelöffel Tomatenmark bestreichen. Einige Salatblätter darauf verteilen. Eine halbe Stange Harzer Käse in Scheiben, eine Zwiebel in Ringe schneiden und auf die Brote legen. Mit einem halben Teelöffel Öl beträufeln und mit Kümmel und einigen Petersilienblättchen bestreuen.

---

**\*TIP:** Kochen Sie insgesamt 75 Gramm Naturreis. Sechs Eßlöffel von diesem gekochten Reis sind für dieses Gericht.

---

ZUTATEN
3 Scheiben Flachknäcke,
1 Scheibe Vollkornbrot,
2 Teel. Crème fraîche,
1/2 Stange Harzer Käse (10 %),
150 g Magerquark,
5 Eßl. geriebener Käse (45 %),
1/2 Teel. Öl,
7 Teel. Tomatenmark,
2 Eßl. Naturreis,
50 g Sojasprossen,
200 g Gurke,
einige Salatblätter,
1/2 mittelgr. Paprikaschote,
2 kleine Tomaten,
1/2 kleine Zucchini,
3 kleine Zwiebeln,
1 Knoblauchzehe,
Petersilie,
1 Zweig Rosmarin,
1 großer Apfel,
Zitronensaft,
Edelsüß-Paprika,
2 Eßl. Obstessig,
Kümmel, Pfeffer,
Salz, Süßstoff,
Vanille

# Freitag

### FRÜHSTÜCK Frischkäse mit Paprikawürfeln

Einen halben Becher körnigen Frischkäse und eine halbe, in Würfel geschnittene Paprikaschote vermengen. Mit Salz würzen. Dazu gibt es eine halbe Scheibe Vollkornbrot mit zwei Teelöffel Tomatenmark und gehackter Petersilie.

### EXTRA Knäckebrot mit Banane

Eine Scheibe Flachknäcke mit zwei Teelöffel Crème fraîche bestreichen. Eine halbe Banane in Scheiben schneiden, darauf verteilen und mit einem Teelöffel Ahornsirup beträufeln.

### MITTAG Blumenkohlcremesuppe

Einen mittelgroßen Blumenkohl putzen, die Röschen ablösen und in zwei Tassen Gemüsebrühe (Instant) zehn Minuten kochen. Nach sechs Minuten einige Röschen herausnehmen und beiseite stellen. Die Blumenkohlsuppe im Mixer pürieren oder durch ein Sieb streichen. Fünf Teelöffel Crème fraîche mit etwas Suppe und einem Eigelb verrühren. Unter Rühren in die heiße Suppe gießen, aber nicht mehr kochen. Mit Salz, Pfeffer, etwas Muskat und Zitronensaft abschmecken. Die zurückbehaltenen Röschen zugeben, kurz in der Suppe erwärmen. In der Zwischenzeit eine halbe Scheibe Vollkornbrot in kleine Würfel und eine Zwiebel in Ringe schneiden. Einen Teelöffel Butter oder Margarine in einer beschichteten Pfanne erhitzen. Zwiebelringe und Brotwürfel braten und auf der Suppe verteilen. Mit Petersilie bestreuen.

### EXTRA Pumpernickel mit Gurke

Vier Pumpernickeltaler mit zwei Teelöffel Tomatenmark bestreichen. 50 Gramm Gurke in vier Scheiben schneiden und darauflegen. Mit Salz und Pfeffer würzen.

## ABEND Scharfer Reissalat

Einige Salatblätter in Streifen, zwei Tomaten in Achtel, eine halbe Zucchini in Scheiben und eine Zwiebel in Ringe schneiden, eine Knoblauchzehe zerdrücken. Alles mit sechs Eßlöffel (am Donnerstag) gekochtem Naturreis mischen. Eine Soße aus sechs Teelöffel Tomatenmark, einem Eßlöffel Obstessig, Salz, Pfeffer, Süßstoff und Rosenpaprika rühren und den Salat in dieser Soße ziehen lassen. Mit gehackter Petersilie bestreuen.

ZUTATEN
1 Eigelb,
1 Scheibe Flachknäcke,
4 Taler Pumpernickel,
1 Scheibe Vollkornbrot,
7 Teel. Crème fraîche,
1/2 Becher körniger Frischkäse,
1 Teel. Butter o. Margarine,
10 Teel. Tomatenmark,
6 Eßl. gek. Naturreis,
2 Tassen Gemüsebrühe (Instant),
1 Teel. Ahornsirup,
1 mittelgroßer Blumenkohl,
50 g Gurke,
einige Salatblätter,
1/2 mittelgroße Paprikaschote,
2 kleine Tomaten,
1/2 kleine Zucchini,
2 kleine Zwiebeln,
1 Knoblauchzehe,
Petersilie,
1/2 kleine Banane,
Zitronensaft,
1 Eßl. Obstessig,
Muskat, Pfeffer,
Rosenpaprika, Salz,
Süßstoff

**Blumenkohlcremesuppe**

175

# Samstag

**FRÜHSTÜCK** **Omelett mit Banane und Rosinen**

Ein Ei aufschlagen, Eigelb und Eiweiß trennen. Das Eigelb mit Salz, Vanille und einigen Tropfen Süßstoff verrühren. Das Eiweiß steif schlagen, vorsichtig unter das Eigelb rühren. Eine beschichtete Pfanne mit einem halben Teelöffel Butter oder Margarine auspinseln. Die Eimasse in die Pfanne gießen und bei schwacher Hitze langsam stocken lassen. Bevor die Oberseite fest ist, eine halbe, in Scheiben geschnittene Banane, einen Teelöffel Rosinen und einen Teelöffel gehackte Haselnüsse darauf verteilen. Das Omelett auf einen Teller gleiten lassen.

**ZUTATEN**
1 Ei, 1 Eiweiß,
1 Scheibe Flachknäcke,
1/2 Scheibe Vollkornbrot,
2 Teel. Crème fraîche,
1/2 Stange Harzer Käse (10%),
2 Becher Magermilchjoghurt,
1 Teel. Butter o. Margarine,
2 Teel. Öl,
1 Teel. Senf,
1 Teel. Tomatenmark,
3 Eßl. gek. Naturreis,
1 Teel. Haselnüsse,
1 Teel. Pistazien,
1 Teel. Rosinen,
1/2 mittelgroße Gurke,
4 mittelgroße Kartoffeln,
1 Portion Kopfsalat,
1 kleine Zwiebel,
Basilikum, Dill,
2 Knoblauchzehen, Liebstöckel,
Petersilie, Schnittlauch,
1/2 kleine Banane,
7 Eßl. Zitronensaft,
Kümmel, Pfeffer, Salz, Süßstoff, Vanille

**Kümmelkartoffeln mit grüner Soße**

176

### EXTRA Harzer-Käse-Knäcke

Eine Scheibe Flachknäcke mit einem Teelöffel Tomatenmark bestreichen. Eine halbe Stange Harzer Käse in Scheiben schneiden und darauf verteilen.

### MITTAG Kümmelkartoffeln mit grüner Soße

Vier Kartoffeln gründlich waschen, bürsten, halbieren, mit Öl bepinseln und mit Salz und Kümmel bestreuen. Mit der Schnittfläche nach unten in eine Deckelpfanne setzen und zugedeckt bei schwacher Hitze 20 Minuten garen. Mit der Gabel prüfen, ob sie gar sind. Eine zerdrückte Knoblauchzehe, drei Eßlöffel gehackte Kräuter (Dill, Liebstöckel, Petersilie, Schnittlauch, Basilikum) und eine feingewürfelte Zwiebel mit zwei Teelöffel Öl, einem Teelöffel Senf, vier Eßlöffel Zitronensaft und einigen Tropfen Süßstoff verrühren und in einem Schälchen neben den Kartoffeln anrichten. Salat: Eine Portion Kopfsalat zerpflücken. Einen halben Becher Magermilchjoghurt mit Zitronensaft, Salz und Süßstoff verrühren und über den Salat gießen.

### EXTRA Reisküchlein in Zitronensoße

Ein Eiweiß steif schlagen und drei Eßlöffel (am Donnerstag) gekochten Reis unterheben. Eine beschichtete Pfanne mit Butter oder Margarine auspinseln. Den Reis-Eischaum häufchenweise hineingeben, von beiden Seiten braten und auf einen Teller legen. Zwei Eßlöffel Zitronensaft mit Süßstoff und einem Teelöffel gehackten Pistazien verrühren und warm über die Reisküchlein gießen.

### ABEND Gurkenkaltschale

Eine halbe Gurke (einige hauchdünne Scheibchen zurückbehalten) fein reiben, eine Knoblauchzehe zerdrücken. Mit eineinhalb Becher Magermilchjoghurt und zwei Teelöffel Crème fraîche verrühren. Mit Salz, Pfeffer und viel gehacktem Dill abschmekken. Mit Gurkenscheibchen und Dillspitzen verzieren. Dazu gibt es eine halbe Scheibe Vollkornbrot.

# Alles über

**Z**ur Aufbaudiät gibt es keine ausgetüftelten Rezepte. Sie erhalten für jede Mahlzeit eine Aufstellung von Zutaten, die Sie ganz nach Lust und Laune miteinander kombinieren dürfen. Wenn da steht „... 1 Scheibe Vollkornbrot, 1 Teel. Butter oder Margarine, 1 Scheibe Aufschnitt ...", dann ist ziemlich klar, daß die Scheibe Brot mit Butter oder Margarine bestrichen und mit einer Scheibe Aufschnitt belegt werden soll. Und wenn von drei Kartoffeln die Rede ist, dann können Sie sie kochen, pürieren, braten, in Brühe dünsten oder im Ofen backen. Was man noch an Zutaten verwenden darf, ohne dabei den Kaloriengehalt wesentlich zu verändern, ist in der kleinen Liste „Zutaten zum 0-Tarif" auf Seite 180 aufgeführt.

Das Besondere und Neue an der Aufbaudiät: Sie ist auf vier Stufen aufgebaut. Mit 800 Kalorien beginnend steigt sie auf 1000, 1200 und 1600 Kalorien an. Die erste Stufe ist die Mini-Version, in der zweiten Stufe wird das Mittagessen um 200 Kalorien erweitert. Sie entspricht dann der Idealdiät und der grünen Diät und erfüllt auch die gleichen Anforderungen an die Nährstoffzusammensetzung. In der dritten Stufe wird sie noch einmal im Bereich der Mittagsmahlzeit um eine Vor- und Nachspeise erweitert und enthält dann 1200 Kalorien. In der vierten Stufe wird das Frühstück und das Abendessen um je 200 Kalorien vergrößert, so daß diese Stufe dann 1600 Kalorien entspricht. Der Kern ist aber immer noch derselbe, so, wie er in der Ursprungsform – der 800 Kalorien-Version – auftaucht.

# die Aufbaudiät

So sieht das Schema der Aufbaudiät aus:

| | Stufe 1 800 Kalorien | Stufe 2 1000 Kalorien | Stufe 3 1200 Kalorien | Stufe 4 1600 Kalorien |
|---|---|---|---|---|
| Frühstück | 200 | 200 | 200 | 200 200 |
| Extra | 100 | 100 | 100 | 100 |
| Vorspeise | | | 100 | 100 |
| Mittagessen | 200 | 200 200 | 200 200 | 200 200 |
| Nachspeise | | | 100 | 100 |
| Extra | 100 | 100 | 100 | 100 |
| Abendessen | 200 | 200 | 200 | 200 200 |

Dieses System ist sehr vielseitig anzuwenden.

1. Sie können nach der Idealdiät oder der grünen Diät zunächst auf die 1200- und dann auf die 1600-Kalorien-Diät gehen. Das ist vermutlich die Kalorienmenge, mit der Sie Ihr Gewicht halten werden. Das wäre dann die Ausstiegsdiät.

2. Sie können auch umgekehrt über die 1600er und 1200er Stufe einen sanften Einstieg in die 1000-Kalorien-Diät schaffen. Das wäre dann die Einstiegsdiät.

3. Sie können aber auch die 1000er Version machen. Wenn Ihnen nicht wochenlang nach der strengen Version zumute ist (schließlich soll die Diät ja Spaß machen!), können Sie Ihre 1000-Kalorien-Diät für ein oder zwei Wochen auf 1200 Kalorien oder – wenn nötig – auch auf 1600 Kalorien

erweitern. Dann dauert's zwar ein bißchen länger mit dem Abnehmen, Sie behalten aber trotzdem eine gewisse Eßdisziplin bei und werden nicht wieder völlig rückfällig.

4. Wenn Sie's mal fröhlich übertrieben und sich ein paar unliebsame Kilos angelacht haben, können Sie mit der 800-Kalorien-Version schnell eingreifen. Länger als zwei Wochen hintereinander dürfen Sie diese Diät allerdings nicht machen. Denn Nährstoffe, Vitamine und Mineralien sind auf Dauer zu knapp bemessen.

5. Wenn Sie die einzige sind, die in Ihrer Familie Diät halten will, dann können Sie für sich die Diät-Version kochen und dasselbe Gericht so erweitern, daß es für Nicht-Diätler eine normale Mahlzeit ist: Sie bekommen dann die Mini-Version, Ihr Partner die 1600er Ausgabe.

Sie sehen, die Aufbaudiät ist eine sehr vielseitige Diät für Fortgeschrittene. Deshalb gibt es auch keine Einkaufslisten. Sie sind überflüssig, weil man auf einen Blick erkennen kann, was man für den jeweiligen Diättag einkaufen muß. Außerdem würden Einkaufslisten Sie nur einengen: So können Sie selbst entscheiden, bei welcher Stufe Sie bleiben wollen.

**Zutaten zum 0-Tarif**
Mit diesen Zutaten dürfen Sie die Aufbaudiät in allen Stufen noch beliebig anreichern: einige Salatblätter, einige Champignons, einige Radieschen, frische Kräuter, getrocknete Kräuter, Gewürze, Essig, Kapern, Meerrettich, Senf, Tomatenmark, Instant-Brühe, Instant-Kaffeepulver, Süßstoff, Zitronensaft

Alle vier Stufen der Aufbaudiät enthalten eine optimale Nährstoffzusammensetzung:

| Stufe | Kalorien | Eiweiß | Fett | Kohlenhydrate |
|---|---|---|---|---|
| Stufe 1 | 800 | 42 g | 21 g | 90 g |
| Stufe 2 | 1000 | 50 g | 26 g | 120 g |
| Stufe 3 | 1200 | 55 g | 30 g | 150 g |
| Stufe 4 | 1600 | 60 g | 45 g | 190 g |

In der Aufbaudiät wird zwischen Gemüse 1 und Gemüse 2 unterschieden. Hier sagen wir Ihnen, welche Sorten zu welcher Gruppe gehören.

| Gemüse 1 | Gemüse 2 |
|---|---|
| Auberginen | Brokkoli |
| Bambussprossen | Fenchelknolle |
| Blattspinat | Frühlingszwiebeln |
| Blumenkohl | Grüne Bohnen |
| Brunnenkresse | Knollensellerie |
| Champignons | Möhren |
| Chicorée | Porree |
| Chinakohl | Sojasprossen |
| Eisbergsalat | Steckrüben |
| Endiviensalat | Steinpilze |
| Feldsalat | Wirsing |
| Gewürzgurken | Zucchini |
| Gurken | Zuckermais |
| Kohlrabi | Zuckerschoten |
| Kopfsalat | Zwiebeln |
| Paprikaschoten | |
| Pfifferlinge | |
| Radicchio | |
| Rettich | |
| Rotkohl | |
| Sauerkraut | |
| Spargel | |
| Staudensellerie | |
| Tomaten | |
| Weißkohl | |

**Gratis – 1 x pro Tag 1/2 Teelöffel Öl zum Pfanne- Auspinseln**

# Aufschnitt

Verwenden Sie nur fettarmen Aufschnitt, dazu zählen neben dem kalorienreduzierten Diätaufschnitt auch folgende Sorten:

Bierschinken
Bündner Fleisch
deutsches Corned beef
gekochter Schinken ohne Fettrand
Kasseler Aufschnitt
Lachsschinken ohne Fettrand
Luncheon Meat (Frühstücksfleisch)
Putensülze
Rindfleischsülze
Roastbeef

# 1.Woche

Von nun an gibt es keine ausgetüftelten Rezepte mehr, sondern nur noch Aufstellungen von Nahrungsmitteln, aus denen Sie sich Ihre Mahlzeiten zubereiten können. Lassen Sie Ihrer Phantasie freien Lauf. Wenn Sie die erste Stufe mit 800 Kalorien machen wollen, dann geht es am Sonntagmittag mit einer ordentlichen Portion Gemüse los. (Welche Gemüsesorten unter das Gemüse 1 oder das Gemüse 2 fallen, steht auf Seite 181.) Wenn Sie aber die zweite Stufe, also die 1000-Kalorien-Version, machen wollen, gibt es ein kleines Schweinefilet dazu. In der nächsten Stufe (1200 Kalorien) wird das Mittagessen durch eine Vor- und eine Nachspeise ergänzt. In der vierten Stufe mit 1600 Kalorien verändert sich das Mittagessen nicht, dafür gibt es ein üppigeres Frühstück und Abendessen. Womit Sie die einzelnen Mahlzeiten noch anreichern dürfen, steht auf Seite 180.

# Sonntag

| 800 KALORIEN | 1000 KALORIEN |
|---|---|
| **FRÜH-STÜCK** 1 Ei<br>1/2 Scheibe Vollkornbrot<br>1 Teel. Butter oder Margarine<br>1 kleine Tomate | 1 Ei<br>1/2 Scheibe Vollkornbrot<br>1 Teel. Butter oder Margarine<br>1 kleine Tomate |
| **EXTRA** 1 großer Apfel | 1 großer Apfel |
| **MITTAG** 200 Gramm Gemüse 1<br>2 mittelgroße Kartoffeln<br>1 Teel. Butter oder Margarine | 125 Gramm Schweinefilet<br>200 Gramm Gemüse 1<br>2 mittelgroße Kartoffeln<br>1 Teel. Butter oder Margarine |
| **EXTRA** 1 Becher Magermilchjoghurt<br>125 Gramm Erdbeeren | 250 Gramm Erdbeeren |
| **ABEND** 200 Gramm Gemüse 1<br>50 Gramm Aufschnitt<br>2 Scheiben Flachknäcke | 200 Gramm Gemüse 1<br>50 Gramm Aufschnitt<br>2 Scheiben Flachknäcke |

| 1200 KALORIEN | 1600 KALORIEN | |
|---|---|---|
| 1 Ei<br>1/2 Scheibe Vollkornbrot<br>1 Teel. Butter oder Margarine<br>1 kleine Tomate | 1 Ei<br>1/2 Scheibe Vollkornbrot<br>1 Roggenbrötchen<br>1 Teel. Butter oder Margarine<br>4 Teel. Crème fraîche<br>1 Teel. Honig<br>2 kleine Tomaten | FRÜH-STÜCK |
| 1 großer Apfel | 1 großer Apfel | EXTRA |
| 200 Gramm Pilze<br>3 Teel. Crème fraîche<br><br>125 Gramm Schweinefilet<br>200 Gramm Gemüse 1<br>2 mittelgroße Kartoffeln<br>1 Teel. Butter oder Margarine<br><br>1 kleine Banane | 200 Gramm Pilze<br>3 Teel. Crème fraîche<br><br>125 Gramm Schweinefilet<br>200 Gramm Gemüse 1<br>2 mittelgroße Kartoffeln<br>1 Teel. Butter oder Margarine<br><br>1 kleine Banane | MITTAG |
| 250 Gramm Erdbeeren | 250 Gramm Erdbeeren | EXTRA |
| 200 Gramm Gemüse 1<br>50 Gramm Aufschnitt<br>2 Scheiben Flachknäcke | 300 Gramm Gemüse 1<br>50 Gramm Aufschnitt<br>2 Teel. Öl<br>1 Scheibe Vollkornbrot | ABEND |

# Montag

| 800 KALORIEN | 1000 KALORIEN |
|---|---|
| **FRÜH-STÜCK** 100 Gramm Magerquark<br>1 mittelgroße Orange<br>1 Scheibe Flachknäcke | 100 Gramm Magerquark<br>1 mittelgroße Orange<br>1 Scheibe Flachknäcke |
| **EXTRA** 2 mittelgroße Kiwis | 2 mittelgroße Kiwis |
| **MITTAG**<br><br>1 Ei<br>2 mittelgroße Kartoffeln | 2 Eier<br>2 mittelgroße Kartoffeln<br>150 Gramm Gemüse 2<br>1 Teel. Butter oder Margarine |
| **EXTRA** 1 Becher Magermilchjoghurt<br>1 Eßl. Müsli | 1 Becher Magermilchjoghurt<br>1 Eßl. Müsli |
| **ABEND** 1 Scheibe Vollkornbrot<br>1 Scheibe Käse (45 % Fett) | 1 Scheibe Vollkornbrot<br>1 Scheibe Käse (45 % Fett) |

| 1200 KALORIEN | 1600 KALORIEN | |
|---|---|---|
| 100 Gramm Magerquark<br>1 mittelgroße Orange<br>1 Scheibe Flachknäcke | 100 Gramm Magerquark<br>1 mittelgroße Orange<br>1 Scheibe Flachknäcke<br>1 Scheibe Vollkornbrot<br>1/2 Ecke Schmelzkäse<br>(45 % Fett) | FRÜH-STÜCK |
| 2 mittelgroße Kiwis | 2 mittelgroße Kiwis | EXTRA |
| 2 Tassen Brühe (Instant)<br>3 Eßl. gekochter Reis<br><br>2 Eier<br>2 mittelgroße Kartoffeln<br>150 Gramm Gemüse 2<br>1 Teel. Butter oder Margarine<br><br>1 Portion Kopfsalat<br>2 Teel. Öl | 2 Tassen Brühe (Instant)<br>3 Eßl. gekochter Reis<br><br>2 Eier<br>2 mittelgroße Kartoffeln<br>150 Gramm Gemüse 2<br>1 Teel. Butter oder Margarine<br><br>1 Portion Kopfsalat<br>2 Teel. Öl | MITTAG |
| 1 Becher Magermilchjoghurt<br>1 Eßl. Müsli | 1 Becher Magermilchjoghurt<br>1 Eßl. Müsli | EXTRA |
| 1 Scheibe Vollkornbrot<br>1 Scheibe Käse (45 % Fett) | 1 Scheibe Vollkornbrot<br>2 Scheiben Knäckebrot<br>1 Scheibe Käse (45 % Fett)<br>2 Teel. Butter oder Margarine<br>1 Bund Radieschen<br>2 kleine Tomaten | ABEND |

# Dienstag

| | 800 KALORIEN | 1000 KALORIEN |
|---|---|---|
| FRÜH-STÜCK | 1 Scheibe Vollkornbrot<br>1 Teel. Butter oder Margarine<br>1 Scheibe Aufschnitt<br>1 kleine Tomate | 1 Scheibe Vollkornbrot<br>1 Teel. Butter oder Margarine<br>1 Scheibe Aufschnitt<br>1 kleine Tomate |
| EXTRA | 1 kleine Banane | 1 kleine Banane |
| MITTAG | 1 Hähnchenkeule<br>200 Gramm Gemüse 1 | 1 Hähnchenkeule<br>200 Gramm Gemüse 1<br>6 Eßl. gekochter Reis<br>2 kleine Zwiebeln |
| EXTRA | 1/2 Scheibe Vollkornbrot<br>1 Teel. Butter oder Margarine | 1/2 Scheibe Vollkornbrot<br>1 Teel. Butter oder Margarine |
| ABEND | 1 Scheibe Vollkornbrot<br>1/2 Ecke Schmelzkäse<br>(45 % Fett) | 1 Scheibe Vollkornbrot<br>1/2 Ecke Schmelzkäse<br>(45 % Fett) |

| 1200 KALORIEN | 1600 KALORIEN | |
|---|---|---|
| 1 Scheibe Vollkornbrot<br>1 Teel. Butter oder Margarine<br>1 Scheibe Aufschnitt<br>1 kleine Tomate | 1 Scheibe Vollkornbrot<br>2 Scheiben Flachknäcke<br>2 Teel. Butter oder Margarine<br>1 Scheibe Aufschnitt<br>1 Scheibe Käse (45 % Fett)<br>1 kleine Tomate<br>1 Teel. Honig | FRÜH-STÜCK |
| 1 kleine Banane | 1 kleine Banane | EXTRA |
| 2 geraspelte Möhren<br><br>1 Hähnchenkeule<br>200 Gramm Gemüse 1<br>6 Eßl. gekochter Reis<br>2 kleine Zwiebeln<br><br>1 mittelgroße Orange | 2 geraspelte Möhren<br><br>1 Hähnchenkeule<br>200 Gramm Gemüse 1<br>6 Eßl. gekochter Reis<br>2 kleine Zwiebeln<br><br>1 mittelgroße Orange | MITTAG |
| 1/2 Scheibe Vollkornbrot<br>1 Teel. Butter oder Margarine | 1/2 Scheibe Vollkornbrot<br>1 Teel. Butter oder Margarine | EXTRA |
| 1 Scheibe Vollkornbrot<br>1/2 Ecke Schmelzkäse<br>(45 % Fett) | 1 1/2 Scheiben Vollkornbrot<br>1/2 Ecke Schmelzkäse<br>(45 % Fett)<br>200 Gramm Rettich<br>2 Teel. Öl | ABEND |

# Mittwoch

| | 800 KALORIEN | 1000 KALORIEN |
|---|---|---|
| FRÜH-STÜCK | 1 Scheibe Vollkornbrot<br>2 Eßl. körniger Frischkäse<br>1 Teel. Honig | 1 Scheibe Vollkornbrot<br>2 Eßl. körniger Frischkäse<br>1 Teel. Honig |
| EXTRA | 1 mittelgroße Birne | 1 mittelgroße Birne |
| MITTAG | 100 Gramm Magerquark<br>2 mittelgroße Kartoffeln | 100 Gramm Magerquark<br>3 Teel. Crème fraîche<br>4 mittelgroße Kartoffeln<br>1 Portion Salat |
| EXTRA | 1 Becher Magermilchjoghurt<br>1 Eßl. Müsli | 1 Becher Magermilchjoghurt<br>1 Eßl. Müsli |
| ABEND | 1 Scheibe Vollkornbrot<br>1 Teel. Butter oder Margarine<br>1 Scheibe Aufschnitt | 1 Scheibe Vollkornbrot<br>1 Teel. Butter oder Margarine<br>1 Scheibe Aufschnitt |

| 1200 KALORIEN | 1600 KALORIEN | |
|---|---|---|
| 1 Scheibe Vollkornbrot<br>2 Eßl. körniger Frischkäse<br>1 Teel. Honig | 1 Scheibe Vollkornbrot<br>2 Scheiben Knäckebrot<br>2 Eßl. körniger Frischkäse<br>1 Teel. Honig<br>2 Teel. Butter oder Margarine<br>1 Scheibe Aufschnitt<br>1 Bund Radieschen | FRÜH-STÜCK |
| 1 mittelgroße Birne | 1 mittelgroße Birne | EXTRA |
| Salat aus<br>200 Gramm Gemüse 1,<br>1 Teel. Haselnüssen<br><br>100 Gramm Sahnequark<br>3 mittelgroße Kartoffeln<br>2 Teel. Butter oder Margarine<br><br>250 Gramm Erdbeeren | Salat aus<br>200 Gramm Gemüse 1,<br>1 Teel. Haselnüssen<br><br>100 Gramm Sahnequark<br>3 mittelgroße Kartoffeln<br>2 Teel. Butter oder Margarine<br><br>250 Gramm Erdbeeren | MITTAG |
| 1 Becher Magermilchjoghurt<br>1 Eßl. Müsli | 1 Becher Magermilchjoghurt<br>1 Eßl. Müsli | EXTRA |
| 1 Scheibe Vollkornbrot<br>1 Teel. Butter oder Margarine<br>1 Scheibe Aufschnitt | 1 Scheibe Vollkornbrot<br>1 Roggenbrötchen<br>1 Teel. Butter oder Margarine<br>1 Scheibe Aufschnitt<br>2 Eßl. Sahnequark | ABEND |

# Donnerstag

| 800 KALORIEN | 1000 KALORIEN |
|---|---|
| **FRÜH-STÜCK** 3 Taler Pumpernickel<br>1 Teel. Butter oder Margarine<br>1 Scheibe Käse (45 % Fett)<br>2 kleine Tomaten | 3 Taler Pumpernickel<br>1 Teel. Butter oder Margarine<br>1 Scheibe Käse (45 % Fett)<br>2 kleine Tomaten |
| **EXTRA** 1 mittelgroße Orange | 1 mittelgroße Orange |
| **MITTAG** 300 Gramm Blumenkohl<br>2 Teel. Butter oder Margarine<br>2 kleine Zwiebeln | 150 Gramm Blumenkohl<br>2 Teel. Butter oder Margarine<br>2 kleine Zwiebeln<br>100 Gramm Leber<br>2 mittelgroße Kartoffeln |
| **EXTRA** 100 Gramm körniger<br>Frischkäse | 1 großer Apfel |
| **ABEND** 100 Gramm Krabbenfleisch<br>2 Scheiben Flachknäcke<br>4 Teel. Salatcreme | 100 Gramm Krabbenfleisch<br>2 Scheiben Flachknäcke<br>4 Teel. Salatcreme |

| 1200 KALORIEN | 1600 KALORIEN | |
|---|---|---|
| 3 Taler Pumpernickel<br>1 Teel. Butter oder Margarine<br>1 Scheibe Käse (45 % Fett)<br>2 kleine Tomaten | 3 Taler Pumpernickel<br>1 Scheibe Vollkornbrot<br>2 Teel. Butter oder Margarine<br>1 Scheibe Käse (45 % Fett)<br>2 kleine Tomaten<br>1 Teel. Marmelade | FRÜH-<br>STÜCK |
| 1 mittelgroße Orange | 1 mittelgroße Orange | EXTRA |
| 2 Tassen Brühe (Instant)<br>100 Gramm Champignons<br>1 Scheibe Knäckebrot<br><br>150 Gramm Blumenkohl<br>2 Teel. Butter oder Margarine<br>2 kleine Zwiebeln<br>100 Gramm Leber<br>2 mittelgroße Kartoffeln<br><br>1 kleine Banane | 2 Tassen Brühe (Instant)<br>100 Gramm Champignons<br>1 Scheibe Knäckebrot<br><br>150 Gramm Blumenkohl<br>2 Teel. Butter oder Margarine<br>2 kleine Zwiebeln<br>100 Gramm Leber<br>2 mittelgroße Kartoffeln<br><br>1 kleine Banane | MITTAG |
| 1 großer Apfel | 1 großer Apfel | EXTRA |
| 100 Gramm Krabbenfleisch<br>2 Scheiben Flachknäcke<br>4 Teel. Salatcreme | 100 Gramm Krabbenfleisch<br>2 Scheiben Vollkornbrot<br>4 Teel. Salatcreme<br>1/2 mittelgroße Gurke | ABEND |

193

# Freitag

| 800 KALORIEN | 1000 KALORIEN |
|---|---|
| **FRÜH-STÜCK** 200 Gramm Dickmilch (1,5 %)<br>3 Eßl. Corn-flakes<br>125 Gramm Erdbeeren | 200 Gramm Dickmilch (1,5 %)<br>3 Eßl. Corn-flakes<br>125 Gramm Erdbeeren |
| **EXTRA** 2 große Möhren | 2 große Möhren |
| **MITTAG** 200 Gramm Kabeljaufilet<br>200 Gramm Tomaten | 200 Gramm Kabeljaufilet<br>200 Gramm Tomaten<br>1 Teel. Butter oder Margarine<br>6 Eßl. gekochter Reis |
| **EXTRA** 1 mittelgroße Kiwi<br>125 Gramm Erdbeeren | 1 mittelgroße Kiwi<br>125 Gramm Erdbeeren |
| **ABEND** 1 Scheibe Vollkornbrot<br>1 Teel. Butter oder Margarine<br>1 Scheibe Aufschnitt | 1 Scheibe Vollkornbrot<br>1 Teel. Butter oder Margarine<br>1 Scheibe Aufschnitt |

| 1200 KALORIEN | 1600 KALORIEN | |
|---|---|---|
| 200 Gramm Dickmilch (1,5 %)<br>3 Eßl. Corn-flakes<br>125 Gramm Erdbeeren | 200 Gramm Dickmilch (1,5 %)<br>3 Eßl. Corn-flakes<br>125 Gramm Erdbeeren<br>2 Scheiben Knäckebrot<br>2 Teel. Butter oder Margarine<br>1 Bund Radieschen | FRÜH-STÜCK |
| 2 große Möhren | 2 große Möhren | EXTRA |
| 1 Portion Kopfsalat<br>2 Teel. Öl<br><br>200 Gramm Kabeljaufilet<br>200 Gramm Tomaten<br>1 Teel. Butter oder Margarine<br>6 Eßl. gekochter Reis<br><br>2 kleine Pfirsiche | 1 Portion Kopfsalat<br>2 Teel. Öl<br><br>200 Gramm Kabeljaufilet<br>200 Gramm Tomaten<br>1 Teel. Butter oder Margarine<br>6 Eßl. gekochter Reis<br><br>2 kleine Pfirsiche | MITTAG |
| 1 mittelgroße Kiwi<br>125 Gramm Erdbeeren | 1 mittelgroße Kiwi<br>125 Gramm Erdbeeren | EXTRA |
| 1 Scheibe Vollkornbrot<br>1 Teel. Butter oder Margarine<br>1 Scheibe Aufschnitt | 1 Scheibe Vollkornbrot<br>1 Scheibe Knäckebrot<br>2 Teel. Butter oder Margarine<br>2 Scheiben Aufschnitt<br>1 mittelgroßer Kohlrabi | ABEND |

# Samstag

| 800 KALORIEN | 1000 KALORIEN |
|---|---|
| FRÜH-STÜCK<br>1 Ei<br>1 Scheibe Knäckebrot<br>1 Scheibe Käse (45 % Fett) | 1 Ei<br>1 Scheibe Knäckebrot<br>1 Scheibe Käse (45 % Fett) |
| EXTRA<br>1 großer Apfel | 1 großer Apfel |
| MITTAG<br><br>50 Gramm Nudeln<br>100 Gramm Tomaten | 100 Gramm Nudeln<br>200 Gramm Tomaten |
| EXTRA<br>1 Becher Magermilchjoghurt<br>1 Eßl. Müsli | 1 Becher Magermilchjoghurt<br>1 Eßl. Müsli |
| ABEND<br>200 Gramm Gemüse 1<br>100 Gramm körniger<br>Frischkäse<br>2 Scheiben Flachknäcke | 200 Gramm Gemüse 1<br>100 Gramm körniger<br>Frischkäse<br>2 Scheiben Flachknäcke |

| 1200 KALORIEN | 1600 KALORIEN | |
|---|---|---|
| 1 Ei<br>1 Scheibe Knäckebrot<br>1 Scheibe Käse (45 % Fett) | 1 Ei<br>1 Scheibe Knäckebrot<br>1 Roggenbrötchen<br>2 Teel. Butter oder Margarine<br>1 Scheibe Käse (45 % Fett)<br>1 Teel. Honig | FRÜH-<br>STÜCK |
| 1 großer Apfel | 1 großer Apfel | EXTRA |
| 200 Gramm Champignons<br>1 Teel. Öl<br><br>100 Gramm Nudeln<br>200 Gramm Tomaten<br><br>1 mittelgroße Kiwi<br>1 Teel. Haselnüsse | 200 Gramm Champignons<br>1 Teel. Öl<br><br>100 Gramm Nudeln<br>200 Gramm Tomaten<br><br>1 mittelgroße Kiwi<br>1 Teel. Haselnüsse | MITTAG |
| 1 Becher Magermilchjoghurt<br>1 Eßl. Müsli | 1 Becher Magermilchjoghurt<br>1 Eßl. Müsli | EXTRA |
| 200 Gramm Gemüse 1<br>100 Gramm körniger<br>Frischkäse<br>2 Scheiben Flachknäcke | 200 Gramm Gemüse 1<br>100 Gramm körniger<br>Frischkäse<br>6 Taler Pumpernickel<br>3 Teel. Butter oder Margarine | ABEND |

# 2.Woche

Wenn es Ihnen hin und wieder schwerfällt, sich aus den knappen Rezeptangaben gleich das leckere Gericht vorzustellen, dann blättern Sie doch einmal im Rezeptregister nach, in dem finden Sie die eine oder andere Anregung, die Ihnen weiterhilft. Nehmen Sie einmal das Mittagessen vom Montag. Sie können die Kartoffeln kochen, den Porree dünsten und alles zum Schluß mit Salz und Pfeffer würzen und mit Käse bestreuen. Sie können aber auch unter Zuhilfenahme von zwei Tassen Brühe (zum 0-Tarif) eine Kartoffelsuppe zubereiten. Genausogut können Sie aber auch den Porree in feine Ringe schneiden, die Kartoffeln hauchdünn hobeln, alles dachziegelartig in einer ofenfesten Form übereinanderschichten, mit Salz, Pfeffer, Muskat und frischem Knoblauch würzen, den Käse reiben und mit etwas Brühe verrühren und darübergießen. Das ergibt dann ein köstliches Kartoffel-Porree-Gratin. Wenn Ihnen besonders gute Rezepte gelingen, halten Sie sie doch gleich schriftlich fest.

# Sonntag

| | 800 KALORIEN | 1000 KALORIEN |
|---|---|---|
| FRÜH-STÜCK | 3 Taler Pumpernickel<br>1 Vollkornzwieback<br>3 Teel. Crème fraîche<br>1 Teel. Honig<br>1 Bund Radieschen | 3 Taler Pumpernickel<br>1 Vollkornzwieback<br>3 Teel. Crème fraîche<br>1 Teel. Honig<br>1 Bund Radieschen |
| EXTRA | 2 mittelgroße Pfirsiche | 2 mittelgroße Pfirsiche |
| MITTAG | 125 Gramm Putenschnitzel<br>1 Teel. Öl<br>100 Gramm Gemüse 1 | 125 Gramm Putenschnitzel<br>2 Teel. Öl<br>200 Gramm Gemüse 1<br>2 mittelgroße Kartoffeln |
| EXTRA | 1/2 kleine Honigmelone | 1/2 kleine Honigmelone |
| ABEND | 250 g Sauerkraut<br>2 Teel. Haselnüsse<br>1/2 Scheibe Vollkornbrot | 250 g Sauerkraut<br>2 Teel. Haselnüsse<br>1/2 Scheibe Vollkornbrot |

| 1200 KALORIEN | 1600 KALORIEN | |
|---|---|---|
| 3 Taler Pumpernickel<br>1 Vollkornzwieback<br>3 Teel. Crème fraîche<br>1 Teel. Honig<br>1 Bund Radieschen | 1 Roggenbrötchen<br>1 Vollkornzwieback<br>2 Teel. Butter oder Margarine<br>2 Teel. Honig<br>1 Scheibe Aufschnitt<br>1 Bund Radieschen | FRÜH-STÜCK |
| 2 mittelgroße Pfirsiche | 2 mittelgroße Pfirsiche | EXTRA |
| 2 große geraspelte Möhren<br><br>125 Gramm Putenschnitzel<br>2 Teel. Öl<br>200 Gramm Gemüse 1<br>2 mittelgroße Kartoffeln<br><br>1 mittelgroße Orange | 2 große geraspelte Möhren<br><br>125 Gramm Putenschnitzel<br>2 Teel. Öl<br>200 Gramm Gemüse 1<br>2 mittelgroße Kartoffeln<br><br>1 mittelgroße Orange | MITTAG |
| 1/2 kleine Honigmelone | 1/2 kleine Honigmelone | EXTRA |
| 250 g Sauerkraut<br>2 Teel. Haselnüsse<br>1/2 Scheibe Vollkornbrot | 250 g Sauerkraut<br>4 Teel. Haselnüsse<br>1 Scheibe Vollkornbrot<br>2 Teel. Butter oder Margarine | ABEND |

# Montag

| 800 KALORIEN | 1000 KALORIEN |
|---|---|
| **FRÜH-STÜCK** 2 Becher Magermilchjoghurt<br>125 Gramm Erdbeeren<br>2 Eßl. Corn-flakes | 2 Becher Magermilchjoghurt<br>125 Gramm Erdbeeren<br>2 Eßl. Corn-flakes |
| **EXTRA** 2 mittelgroße Kohlrabis | 2 mittelgroße Kohlrabis |
| **MITTAG** 1 mittelgroße Stange Porree<br>1 mittelgroße Kartoffel<br>1 Scheibe Käse (45 % Fett) | 1 mittelgroße Stange Porree<br>3 mittelgroße Kartoffeln<br>2 Scheiben Käse (45 % Fett) |
| **EXTRA** 1 kleine Banane | 1 kleine Banane |
| **ABEND** 1/2 Scheibe Vollkornbrot<br>1 Ei<br>1 Teel. Butter oder Margarine<br>1 kleine Tomate | 1/2 Scheibe Vollkornbrot<br>1 Ei<br>1 Teel. Butter oder Margarine<br>1 kleine Tomate |

| 1200 KALORIEN | 1600 KALORIEN | |
|---|---|---|
| 2 Becher Magermilchjoghurt<br>125 Gramm Erdbeeren<br>2 Eßl. Corn-flakes | 2 Becher Magermilchjoghurt<br>125 Gramm Erdbeeren<br>3 Eßl. Corn-flakes<br>1 Scheibe Vollkornbrot<br>1 Teel. Butter oder Margarine<br>1 Bund Radieschen | FRÜH-STÜCK |
| 2 mittelgroße Kohlrabis | 2 mittelgroße Kohlrabis | EXTRA |
| Salat aus<br>200 Gramm Gemüse 2<br><br>1 mittelgroße Stange Porree<br>3 mittelgroße Kartoffeln<br>2 Scheiben Käse (45 % Fett)<br><br>1 mittelgroße Kiwi<br>125 Gramm Erdbeeren | Salat aus<br>200 Gramm Gemüse 2<br><br>1 mittelgroße Stange Porree<br>3 mittelgroße Kartoffeln<br>2 Scheiben Käse (45 % Fett)<br><br>1 mittelgroße Kiwi<br>125 Gramm Erdbeeren | MITTAG |
| 1 kleine Banane | 1 kleine Banane | EXTRA |
| 1/2 Scheibe Vollkornbrot<br>1 Ei<br>1 Teel. Butter oder Margarine<br>1 kleine Tomate | 2 Scheiben Vollkornbrot<br>1 Ei<br>2 Teel. Butter oder Margarine<br>1 kleine Tomate | ABEND |

# Dienstag

| | 800 KALORIEN | 1000 KALORIEN |
|---|---|---|
| FRÜH-STÜCK | 2 Scheiben Knäckebrot<br>2 Teel. Crème fraîche<br>2 Scheiben Aufschnitt | 2 Scheiben Knäckebrot<br>2 Teel. Crème fraîche<br>2 Scheiben Aufschnitt |
| EXTRA | 1/2 kleine Honigmelone | 1/2 kleine Honigmelone |
| MITTAG | 50 Gramm Beefsteakhack<br>150 Gramm Gemüse 2<br>1 Teel. Öl<br>2 Eßl. gekochter Reis | 50 Gramm Beefsteakhack<br>300 Gramm Gemüse 2<br>1 Teel. Öl<br>6 Eßl. gekochter Reis |
| EXTRA | 1 mittelgroße Birne | 1 mittelgroße Birne |
| ABEND | 1 Scheibe Vollkornbrot<br>50 Gramm Beefsteakhack<br>1 Zwiebel | 1 Scheibe Vollkornbrot<br>50 Gramm Beefsteakhack<br>1 Zwiebel |

| 1200 KALORIEN | 1600 KALORIEN | |
|---|---|---|
| 2 Scheiben Knäckebrot<br>2 Teel. Crème fraîche<br>2 Scheiben Aufschnitt | 2 Scheiben Knäckebrot<br>1 Vollkornzwieback<br>1 Teel. Crème fraîche<br>2 Teel. Butter oder Margarine<br>2 Scheiben Aufschnitt<br>2 Teel. Honig<br>1 Teel. Haselnüsse | FRÜH-<br>STÜCK |
| 1/2 kleine Honigmelone | 1/2 kleine Honigmelone | EXTRA |
| 1 kleine Dose Zuckermais<br>oder 2 Maiskolben<br>1 Teel. Butter oder Margarine<br><br>50 Gramm Beefsteakhack<br>300 Gramm Gemüse 2<br>1 Teel. Öl<br>6 Eßl. gekochter Reis<br><br>1 mittelgroße Orange | 1 kleine Dose Zuckermais<br>oder 2 Maiskolben<br>1 Teel. Butter oder Margarine<br><br>50 Gramm Beefsteakhack<br>300 Gramm Gemüse 2<br>1 Teel. Öl<br>6 Eßl. gekochter Reis<br><br>1 mittelgroße Orange | MITTAG |
| 1 mittelgroße Birne | 1 mittelgroße Birne | EXTRA |
| 1 Scheibe Vollkornbrot<br>50 Gramm Beefsteakhack<br>1 Zwiebel | 1 Scheibe Vollkornbrot<br>1 Roggenbrötchen<br>1 Teel. Butter oder Margarine<br>50 Gramm Beefsteakhack<br>1 Scheibe Käse (45 % Fett)<br>1 Zwiebel | ABEND |

# Mittwoch

| 800 KALORIEN | 1000 KALORIEN |
|---|---|
| **FRÜH-STÜCK** 1 Scheibe Vollkornbrot 1/2 Ecke Schmelzkäse (45 % Fett) | 1 Scheibe Vollkornbrot 1/2 Ecke Schmelzkäse (45 % Fett) |
| **EXTRA** 1 Becher Magermilchjoghurt 1 Eßl. Müsli | 1 Becher Magermilchjoghurt 1 Eßl. Müsli |
| **MITTAG** 300 Gramm Champignons 1 Scheibe Aufschnitt 1 kleine Zwiebel 1/2 Teel. Öl 4 Teel. Crème fraîche | 300 Gramm Champignons 1 Scheibe Aufschnitt 1 kleine Zwiebel 1/2 Teel. Öl 4 Teel. Crème fraîche 50 Gramm Nudeln |
| **EXTRA** 2 große Möhren | 2 große Möhren |
| **ABEND** 2 Scheiben Knäckebrot 2 Teel. Crème fraîche 2 Scheiben Aufschnitt 1 kleine Tomate | 2 Scheiben Knäckebrot 2 Teel. Crème fraîche 2 Scheiben Aufschnitt 1 kleine Tomate |

| 1200 KALORIEN | 1600 KALORIEN | |
|---|---|---|
| 1 Scheibe Vollkornbrot<br>1/2 Ecke Schmelzkäse<br>(45 % Fett) | 1 Scheibe Vollkornbrot<br>3 Taler Pumpernickel<br>2 Teel. Butter oder Margarine<br>1/2 Ecke Schmelzkäse<br>(45 % Fett)<br>1 Scheibe Aufschnitt | FRÜH-STÜCK |
| 1 Becher Magermilchjoghurt<br>1 Eßl. Müsli | 1 Becher Magermilchjoghurt<br>1 Eßl. Müsli | EXTRA |
| Salat aus<br>200 Gramm Gemüse 1,<br>100 Gramm Dickmilch<br><br>300 Gramm Champignons<br>1 Scheibe Aufschnitt<br>1 kleine Zwiebel<br>1/2 Teel. Öl<br>4 Teel. Crème fraîche<br>50 Gramm Nudeln<br><br>1 großer Apfel | Salat aus<br>200 Gramm Gemüse 1,<br>100 Gramm Dickmilch<br><br>300 Gramm Champignons<br>1 Scheibe Aufschnitt<br>1 kleine Zwiebel<br>1/2 Teel. Öl<br>4 Teel. Crème fraîche<br>50 Gramm Nudeln<br><br>1 großer Apfel | MITTAG |
| 2 große Möhren | 2 große Möhren | EXTRA |
| 2 Scheiben Knäckebrot<br>2 Teel. Crème fraîche<br>2 Scheiben Aufschnitt<br>1 kleine Tomate | 2 Scheiben Vollkornbrot<br>2 Teel. Butter oder Margarine<br>2 Scheiben Aufschnitt<br>1 kleine Tomate | ABEND |

# Donnerstag

| 800 KALORIEN | 1000 KALORIEN |
|---|---|
| **FRÜH-STÜCK** 200 Gramm Dickmilch (1,5 %)<br>125 Gramm Himbeeren<br>1 Scheibe Flachknäcke<br>1 Teel. Butter oder Margarine | 200 Gramm Dickmilch (1,5 %)<br>125 Gramm Himbeeren<br>1 Scheibe Flachknäcke<br>1 Teel. Butter oder Margarine |
| **EXTRA** 1 großer Apfel | 1 großer Apfel |
| **MITTAG** Kartoffelsalat aus<br>2 mittelgroßen Kartoffeln,<br>150 Gramm Gurke,<br>1 kleinen Zwiebel,<br>1 Scheibe gekochten<br>Schinken | Kartoffelsalat aus<br>3 mittelgroßen Kartoffeln,<br>150 Gramm Gurke,<br>1 kleinen Zwiebel,<br>1 Bund Radieschen,<br>1 kleinen Wiener Würstchen |
| **EXTRA** 1 Magermilchjoghurt<br>1 Eßl. Müsli | 1 Magermilchjoghurt<br>1 Eßl. Müsli |
| **ABEND** 1 Roggenbrötchen<br>1 Teel. Butter oder Margarine<br>1/3 Stange Harzer Käse<br>1 kleine Zwiebel | 1 Roggenbrötchen<br>1 Teel. Butter oder Margarine<br>1/3 Stange Harzer Käse<br>1 kleine Zwiebel |

| 1200 KALORIEN | 1600 KALORIEN | |
|---|---|---|
| 200 Gramm Dickmilch (1,5 %)<br>125 Gramm Himbeeren<br>1 Scheibe Flachknäcke<br>1 Teel. Butter oder Margarine | 200 Gramm Dickmilch (1,5 %)<br>125 Gramm Himbeeren<br>2 Eßl. Corn-flakes<br>1 Scheibe Vollkornbrot<br>1 Teel. Butter oder Margarine<br>1 Scheibe Aufschnitt<br>2 kleine Tomaten | FRÜH-STÜCK |
| 1 großer Apfel | 1 großer Apfel | EXTRA |
| 2 Tassen Brühe (Instant)<br>20 Gramm Nudeln<br><br>Kartoffelsalat aus<br>3 mittelgroßen Kartoffeln,<br>150 Gramm Gurke,<br>1 kleinen Zwiebel,<br>1 Bund Radieschen,<br>1 kleinen Wiener Würstchen<br><br>100 Gramm Dickmilch (1,5 %)<br>1 mittelgroßer Pfirsich | 2 Tassen Brühe (Instant)<br>20 Gramm Nudeln<br><br>Kartoffelsalat aus<br>3 mittelgroßen Kartoffeln,<br>150 Gramm Gurke,<br>1 kleinen Zwiebel,<br>1 Bund Radieschen,<br>1 kleinen Wiener Würstchen<br><br>100 Gramm Dickmilch (1,5 %)<br>1 mittelgroßer Pfirsich | MITTAG |
| 1 Magermilchjoghurt<br>1 Eßl. Müsli | 1 Magermilchjoghurt<br>1 Eßl. Müsli | EXTRA |
| 1 Roggenbrötchen<br>1 Teel. Butter oder Margarine<br>1/3 Stange Harzer Käse<br>1 kleine Zwiebel | 1 Roggenbrötchen<br>1 Scheibe Vollkornbrot<br>2 Teel. Butter oder Margarine<br>1/3 Stange Harzer Käse<br>1 Scheibe Aufschnitt<br>1 kleine Zwiebel<br>1 mittelgroße Paprikaschote | ABEND |

209

# Freitag

| 800 KALORIEN | 1000 KALORIEN |
|---|---|
| **FRÜH-STÜCK** 2 Scheiben Knäckebrot<br>4 Teel. Crème fraîche<br>1 Teel. Honig<br>1 Bund Radieschen<br>1 kleine Tomate | 2 Scheiben Knäckebrot<br>4 Teel. Crème fraîche<br>1 Teel. Honig<br>1 Bund Radieschen<br>1 kleine Tomate |
| **EXTRA** 1 Becher Magermilchjoghurt<br>1 Eßl. Müsli | 1 Becher Magermilchjoghurt<br>1 Eßl. Müsli |
| **MITTAG** 150 Gramm Schollenfilet<br>150 Gramm Blattspinat<br>1 Teel. Butter oder Margarine | 150 Gramm Schollenfilet<br>150 Gramm Blattspinat<br>1 Teel. Butter oder Margarine<br>3 mittelgroße Kartoffeln |
| **EXTRA** 1 kleine Banane | 1 kleine Banane |
| **ABEND** 4 Scheiben Flachknäcke<br>100 Gramm körniger Frischkäse<br>1 Gewürzgurke | 4 Scheiben Flachknäcke<br>100 Gramm körniger Frischkäse<br>1 Gewürzgurke |

| 1200 KALORIEN | 1600 KALORIEN | |
|---|---|---|
| 2 Scheiben Knäckebrot<br>4 Teel. Crème fraîche<br>1 Teel. Honig<br>1 Bund Radieschen<br>1 kleine Tomate | 1 Scheibe Knäckebrot<br>1 Scheibe Vollkornbrot<br>4 Teel. Crème fraîche<br>2 Teel. Butter oder Margarine<br>1 Teel. Honig<br>1 Scheibe Aufschnitt<br>1 Bund Radieschen<br>1 kleine Tomate | FRÜH-<br>STÜCK |
| 1 Becher Magermilchjoghurt<br>1 Eßl. Müsli | 1 Becher Magermilchjoghurt<br>1 Eßl. Müsli | EXTRA |
| Salat aus<br>200 Gramm Gemüse 2,<br>50 Gramm Dickmilch (1,5 %)<br><br>150 Gramm Schollenfilet<br>150 Gramm Blattspinat<br>1 Teel. Butter oder Margarine<br>3 mittelgroße Kartoffeln<br><br>2 mittelgroße Kiwis | Salat aus<br>200 Gramm Gemüse 2,<br>50 Gramm Dickmilch (1,5 %)<br><br>150 Gramm Schollenfilet<br>150 Gramm Blattspinat<br>1 Teel. Butter oder Margarine<br>3 mittelgroße Kartoffeln<br><br>2 mittelgroße Kiwis | MITTAG |
| 1 kleine Banane | 1 kleine Banane | EXTRA |
| 4 Scheiben Flachknäcke<br>100 Gramm körniger<br>Frischkäse<br>1 Gewürzgurke | 2 Scheiben Vollkornbrot<br>100 Gramm körniger<br>Frischkäse<br>1 Teel. Öl<br>1 Gewürzgurke | ABEND |

# Samstag

| | 800 KALORIEN | 1000 KALORIEN |
|---|---|---|
| FRÜH-STÜCK | 1 Ei<br>1/2 Scheibe Vollkornbrot<br>1 Teel. Butter oder Margarine<br>1 Bund Radieschen | 1 Ei<br>1/2 Scheibe Vollkornbrot<br>1 Teel. Butter oder Margarine<br>1 Bund Radieschen |
| EXTRA | 200 Gramm Dickmilch (1,5 %) | 200 Gramm Dickmilch (1,5 %) |
| MITTAG | 50 Gramm getrocknete<br>weiße Bohnen<br>1 Päckchen TK-Suppengrün | 75 Gramm getrocknete<br>weiße Bohnen<br>1 Päckchen TK-Suppengrün<br>2 mittelgroße Kartoffeln |
| EXTRA | 1 mittelgroße Orange | 1 mittelgroße Orange |
| ABEND | 100 Gramm Magerquark<br>2 mittelgroße Kartoffeln | 100 Gramm Magerquark<br>2 mittelgroße Kartoffeln |

| 1200 KALORIEN | 1600 KALORIEN | |
|---|---|---|
| 1 Ei<br>1/2 Scheibe Vollkornbrot<br>1 Teel. Butter oder Margarine<br>1 Bund Radieschen | 2 Eier<br>1 Scheibe Vollkornbrot<br>2 Teel. Butter oder Margarine<br>1 Bund Radieschen | FRÜH-STÜCK |
| 200 Gramm Dickmilch (1,5 %) | 200 Gramm Dickmilch (1,5 %) | EXTRA |
| 2 große geraspelte Möhren<br><br>75 Gramm getrocknete<br>weiße Bohnen<br>1 Päckchen TK-Suppengrün<br>2 mittelgroße Kartoffeln<br><br>1 großer Apfel | 2 große geraspelte Möhren<br><br>75 Gramm getrocknete<br>weiße Bohnen<br>1 Päckchen TK-Suppengrün<br>2 mittelgroße Kartoffeln<br><br>1 großer Apfel | MITTAG |
| 1 mittelgroße Orange | 1 mittelgroße Orange | EXTRA |
| 100 Gramm Magerquark<br>2 mittelgroße Kartoffeln | 100 Gramm Magerquark<br>2 Teel. Öl<br>3 mittelgroße Kartoffeln<br>1 Portion Kopfsalat<br>50 Gramm Dickmilch (1,5 %) | ABEND |

# 3.Woche

Sehen Sie sich auch in dieser Woche wieder das Mittagessen vom Montag an. Im Prinzip steht da Quark mit Kartoffeln auf dem Programm. In der ersten Stufe, also in der 800-Kalorien-Version, gibt es Magerquark. In der nächsten Stufe wird er mit Crème fraîche verfeinert. In der dritten Stufe, weil da der Fettanteil schon etwas höher sein darf, können Sie Sahnequark nehmen. Das bleibt dann auch so in der vierten Stufe. Den Quark können Sie für alle Versionen mit etwas Mineralwasser cremig rühren und mit gehackten Kräutern oder Kresse zubereiten. Dazu gibt es dann Pellkartoffeln. In der zweiten, dritten und vierten Stufe sind noch 150 Gramm Gemüse 1 erlaubt. Daraus können Sie einen gemischten Salat machen mit Gurke, Tomaten, Champignons und Feldsalat und einer Soße aus einem milden Essig mit Salz, Pfeffer, Süßstoff und frischen Kräutern.

# Sonntag

| | 800 KALORIEN | 1000 KALORIEN |
|---|---|---|
| FRÜH-STÜCK | 1 Ei<br>150 Gramm Heidelbeeren | 1 Ei<br>150 Gramm Heidelbeeren |
| EXTRA | 1 Scheibe Flachknäcke<br>2 Teel. Crème fraîche<br>1 Scheibe Aufschnitt | 1 Scheibe Flachknäcke<br>2 Teel. Crème fraîche<br>1 Scheibe Aufschnitt |
| MITTAG | 100 Gramm Rinderfilet<br>1 Teel. Öl<br>150 Gramm Gemüse 1 | 150 Gramm Rinderfilet<br>1 Teel. Öl<br>150 Gramm Gemüse 1<br>6 Eßl. gekochter Reis |
| EXTRA | 1 mittelgroße Kiwi<br>1 Teel. Haselnüsse | 1 mittelgroße Kiwi<br>1 Teel. Haselnüsse |
| ABEND | Salat aus<br>200 Gramm Champignons,<br>1 Scheibe Aufschnitt,<br>1 kleinen Zwiebel,<br>1 Teel. Öl,<br>2 Scheiben Flachknäcke | Salat aus<br>200 Gramm Champignons,<br>1 Scheibe Aufschnitt,<br>1 kleinen Zwiebel,<br>1 Teel. Öl,<br>2 Scheiben Flachknäcke |

| 1200 KALORIEN | 1600 KALORIEN | |
|---|---|---|
| 1 Ei<br>150 Gramm Heidelbeeren | 1 Ei<br>150 Gramm Heidelbeeren<br>2 Teel. Butter oder Margarine<br>1 Teel. Honig<br>1 Scheibe Knäckebrot<br>1 Scheibe Käse (45 % Fett) | FRÜH-STÜCK |
| 1 Scheibe Flachknäcke<br>2 Teel. Crème fraîche<br>1 Scheibe Aufschnitt | 1 Scheibe Flachknäcke<br>2 Teel. Crème fraîche<br>1 Scheibe Aufschnitt | EXTRA |
| Salat aus<br>200 Gramm Gemüse 2<br><br>150 Gramm Rinderfilet<br>1 Teel. Öl<br>150 Gramm Gemüse 1<br>6 Eßl. gekochter Reis<br><br>1 mittelgroße Birne | Salat aus<br>200 Gramm Gemüse 2<br><br>150 Gramm Rinderfilet<br>1 Teel. Öl<br>150 Gramm Gemüse 1<br>6 Eßl. gekochter Reis<br><br>1 mittelgroße Birne | MITTAG |
| 1 mittelgroße Kiwi<br>1 Teel. Haselnüsse | 1 mittelgroße Kiwi<br>1 Teel. Haselnüsse | EXTRA |
| Salat aus<br>200 Gramm Champignons,<br>1 Scheibe Aufschnitt,<br>1 kleinen Zwiebel,<br>1 Teel. Öl,<br>2 Scheiben Flachknäcke | Salat aus<br>200 Gramm Champignons,<br>2 Scheiben Aufschnitt,<br>1 kleinen Zwiebel,<br>2 Teel. Öl,<br>6 Eßl. gekochtem Reis | ABEND |

217

# Montag

| 800 KALORIEN | 1000 KALORIEN |
|---|---|
| **FRÜH-STÜCK** 1 Scheibe Vollkornbrot<br>1 Scheibe Käse (45 % Fett) | 1 Scheibe Vollkornbrot<br>1 Scheibe Käse (45 % Fett) |
| **EXTRA** 1 kleine Banane | 1 kleine Banane |
| **MITTAG** 100 Gramm Magerquark<br>2 mittelgroße Kartoffeln | 100 Gramm Magerquark<br>6 Teel. Crème fraîche<br>3 mittelgroße Kartoffeln<br>150 Gramm Gemüse 1 |
| **EXTRA** 1 Becher Magermilchjoghurt<br>1 Eßl. Müsli | 1 Becher Magermilchjoghurt<br>1 Eßl. Müsli |
| **ABEND** 2 Scheiben Knäckebrot<br>1 Teel. Butter oder Margarine<br>1 Ei | 2 Scheiben Knäckebrot<br>1 Teel. Butter oder Margarine<br>1 Ei |

| 1200 KALORIEN | 1600 KALORIEN | |
|---|---|---|
| 1 Scheibe Vollkornbrot<br>1 Scheibe Käse (45 % Fett) | 2 Scheiben Vollkornbrot<br>2 Teel. Butter oder Margarine<br>1 Scheibe Käse (45 % Fett)<br>1 Tomate | FRÜH-STÜCK |
| 1 kleine Banane | 1 kleine Banane | EXTRA |
| 2 Tassen Brühe<br>100 Gramm Gemüse 2<br>2 Eßl. gekochter Reis<br><br>100 Gramm Sahnequark<br>3 mittelgroße Kartoffeln<br>150 Gramm Gemüse 1<br><br>150 Gramm Heidelbeeren | 2 Tassen Brühe<br>100 Gramm Gemüse 2<br>2 Eßl. gekochter Reis<br><br>100 Gramm Sahnequark<br>3 mittelgroße Kartoffeln<br>150 Gramm Gemüse 1<br><br>150 Gramm Heidelbeeren | MITTAG |
| 1 Becher Magermilchjoghurt<br>1 Eßl. Müsli | 1 Becher Magermilchjoghurt<br>1 Eßl. Müsli | EXTRA |
| 2 Scheiben Knäckebrot<br>1 Teel. Butter oder Margarine<br>1 Ei | 2 Scheiben Vollkornbrot<br>2 Teel. Butter oder Margarine<br>1 Ei | ABEND |

# Dienstag

| 800 KALORIEN | 1000 KALORIEN |
|---|---|
| **FRÜH-STÜCK** 1 Scheibe Vollkornbrot<br>1 Teel. Butter oder Margarine<br>1 Scheibe Aufschnitt | 1 Scheibe Vollkornbrot<br>1 Teel. Butter oder Margarine<br>1 Scheibe Aufschnitt |
| **EXTRA** 1 großer Apfel | 1 großer Apfel |
| **MITTAG** 100 Gramm Geflügelleber<br>200 Gramm Gemüse 1 | 100 Gramm Geflügelleber<br>1 Teel. Butter oder Margarine<br>200 Gramm Gemüse 1<br>6 Eßl. gekochter Reis |
| **EXTRA** 1 mittelgroße Orange | 1 mittelgroße Orange |
| **ABEND** 2 Scheiben Knäckebrot<br>1 Teel. Butter oder Margarine<br>1 Scheibe Käse (45 % Fett)<br>1 kleine Tomate | 2 Scheiben Knäckebrot<br>1 Teel. Butter oder Margarine<br>1 Scheibe Käse (45 % Fett)<br>1 kleine Tomate |

| 1200 KALORIEN | 1600 KALORIEN | |
|---|---|---|
| 1 Scheibe Vollkornbrot<br>1 Teel. Butter oder Margarine<br>1 Scheibe Aufschnitt | 2 Scheiben Vollkornbrot<br>1 Teel. Butter oder Margarine<br>2 Teel. Crème fraîche<br>1 Scheibe Aufschnitt<br>1 Teel. Honig<br>1 Teel. Haselnüsse | FRÜH-<br>STÜCK |
| 1 großer Apfel | 1 großer Apfel | EXTRA |
| 1 Portion Kopfsalat<br>2 Teel. Öl<br><br>100 Gramm Geflügelleber<br>1 Teel. Butter oder Margarine<br>200 Gramm Gemüse 1<br>6 Eßl. gekochter Reis<br><br>1 kleine Banane | 1 Portion Kopfsalat<br>2 Teel. Öl<br><br>100 Gramm Geflügelleber<br>1 Teel. Butter oder Margarine<br>200 Gramm Gemüse 1<br>6 Eßl. gekochter Reis<br><br>1 kleine Banane | MITTAG |
| 1 mittelgroße Orange | 1 mittelgroße Orange | EXTRA |
| 2 Scheiben Knäckebrot<br>1 Teel. Butter oder Margarine<br>1 Scheibe Käse (45 % Fett)<br>1 kleine Tomate | 2 Scheiben Vollkornbrot<br>1 Teel. Butter oder Margarine<br>1 Scheibe Käse (45 % Fett)<br>1 kleine Tomate<br>1 mittelgroße Paprikaschote | ABEND |

# Mittwoch

| 800 KALORIEN | 1000 KALORIEN |
|---|---|
| **FRÜH-STÜCK** 200 Gramm Dickmilch (1,5 %)<br>3 Eßl. Corn-flakes<br>125 Gramm Himbeeren | 200 Gramm Dickmilch (1,5 %)<br>3 Eßl. Corn-flakes<br>125 Gramm Himbeeren |
| **EXTRA** 2 mittelgroße Pfirsiche | 2 mittelgroße Pfirsiche |
| **MITTAG** 200 Gramm Champignons<br>1 Scheibe Aufschnitt<br>1 kleine Zwiebel<br>2 Teel. Öl | 200 Gramm Champignons<br>1 Scheibe Aufschnitt<br>1 kleine Zwiebel<br>2 Teel. Öl<br>50 Gramm Nudeln |
| **EXTRA** 1 Becher Magermilchjoghurt<br>1 Eßl. Müsli | 1 Becher Magermilchjoghurt<br>1 Eßl. Müsli |
| **ABEND** 1 Scheibe Vollkornbrot<br>50 Gramm Beefsteakhack<br>1 Gewürzgurke | 1 Scheibe Vollkornbrot<br>50 Gramm Beefsteakhack<br>1 Gewürzgurke |

| 1200 KALORIEN | 1600 KALORIEN | |
|---|---|---|
| 200 Gramm Dickmilch (1,5 %)<br>3 Eßl. Corn-flakes<br>125 Gramm Himbeeren | 200 Gramm Dickmilch (1,5 %)<br>3 Eßl. Corn-flakes<br>125 Gramm Himbeeren<br>1 Scheibe Knäckebrot<br>2 Teel. Butter oder Margarine<br>1 Scheibe Aufschnitt<br>1 Bund Radieschen<br>1 kleine Tomate | FRÜH-STÜCK |
| 2 mittelgroße Pfirsiche | 2 mittelgroße Pfirsiche | EXTRA |
| Salat aus<br>250 Gramm Gemüse<br>1 Scheibe Flachknäcke<br><br>200 Gramm Champignons<br>1 Scheibe Aufschnitt<br>1 kleine Zwiebel<br>2 Teel. Öl<br>50 Gramm Nudeln<br><br>1 mittelgroße Orange | Salat aus<br>250 Gramm Gemüse<br>1 Scheibe Flachknäcke<br><br>200 Gramm Champignons<br>1 Scheibe Aufschnitt<br>1 kleine Zwiebel<br>2 Teel. Öl<br>50 Gramm Nudeln<br><br>1 mittelgroße Orange | MITTAG |
| 1 Becher Magermilchjoghurt<br>1 Eßl. Müsli | 1 Becher Magermilchjoghurt<br>1 Eßl. Müsli | EXTRA |
| 1 Scheibe Vollkornbrot<br>50 Gramm Beefsteakhack<br>1 Gewürzgurke | 2 Scheiben Vollkornbrot<br>75 Gramm Beefsteakhack<br>1 Gewürzgurke<br>1 Teel. Öl<br>1 kleine Zwiebel | ABEND |

223

# Donnerstag

| | 800 KALORIEN | 1000 KALORIEN |
|---|---|---|
| FRÜH-STÜCK | 1 Scheibe Knäckebrot<br>1 Teel. Butter oder Margarine<br>100 Gramm Magerquark<br>2 Teel. Crème fraîche<br>100 Gramm Gurke | 1 Scheibe Knäckebrot<br>1 Teel. Butter oder Margarine<br>100 Gramm Magerquark<br>2 Teel. Crème fraîche<br>100 Gramm Gurke |
| EXTRA | 1 mittelgroße Birne | 1 mittelgroße Birne |
| MITTAG | 200 Gramm Sauerkraut<br>3 Scheiben Kasseler Aufschnitt | 150 Gramm Sauerkraut<br>5 Scheiben Kasseler Aufschnitt<br>2 mittelgroße Kartoffeln |
| EXTRA | 1 Becher Magermilchjoghurt<br>1 Eßl. Müsli | 1 Becher Magermilchjoghurt<br>1 Eßl. Müsli |
| ABEND | 1 Scheibe Vollkornbrot<br>1 Teel. Butter oder Margarine<br>1 Scheibe Aufschnitt | 1 Scheibe Vollkornbrot<br>1 Teel. Butter oder Margarine<br>1 Scheibe Aufschnitt |

| 1200 KALORIEN | 1600 KALORIEN | |
|---|---|---|
| 1 Scheibe Knäckebrot<br>1 Teel. Butter oder Margarine<br>100 Gramm Magerquark<br>2 Teel. Crème fraîche<br>100 Gramm Gurke | 1 Scheibe Vollkornbrot<br>2 Teel. Butter oder Margarine<br>100 Gramm Sahnequark<br>100 Gramm Gurke<br>1 Teel. Honig | FRÜH-STÜCK |
| 1 mittelgroße Birne | 1 mittelgroße Birne | EXTRA |
| 2 Tassen Brühe (Instant)<br>150 Gramm feine Erbsen<br><br>150 Gramm Sauerkraut<br>5 Scheiben Kasseler Aufschnitt<br>2 mittelgroße Kartoffeln<br><br>125 Gramm Himbeeren | 2 Tassen Brühe (Instant)<br>150 Gramm feine Erbsen<br><br>150 Gramm Sauerkraut<br>5 Scheiben Kasseler Aufschnitt<br>2 mittelgroße Kartoffeln<br><br>125 Gramm Himbeeren | MITTAG |
| 1 Becher Magermilchjoghurt<br>1 Eßl. Müsli | 1 Becher Magermilchjoghurt<br>1 Eßl. Müsli | EXTRA |
| 1 Scheibe Vollkornbrot<br>1 Teel. Butter oder Margarine<br>1 Scheibe Aufschnitt | 1 Scheibe Vollkornbrot<br>1 Roggenbrötchen<br>3 Teel. Butter oder Margarine<br>1 Scheibe Aufschnitt<br>1 kleine Tomate<br>1 kleine Zwiebel | ABEND |

# Freitag

| 800 KALORIEN | 1000 KALORIEN |
|---|---|
| **FRÜH-STÜCK** 2 Scheiben Knäckebrot<br>1/2 Ecke Schmelzkäse<br>(45 % Fett)<br>1 Bund Radieschen<br>2 kleine Tomaten | 2 Scheiben Knäckebrot<br>1/2 Ecke Schmelzkäse<br>(45 % Fett)<br>1 Bund Radieschen<br>2 kleine Tomaten |
| **EXTRA** 1 großer Apfel | 1 großer Apfel |
| **MITTAG** 100 Gramm Krabben<br>1 mittelgroße Stange Porree<br>2 Eßl. gekochter Reis | 100 Gramm Krabben<br>1 mittelgroße Stange Porree<br>6 Eßl. gekochter Reis<br>2 Teel. Öl |
| **EXTRA** 1 Becher Magermilchjoghurt<br>1 Eßl. Müsli | 1 Becher Magermilchjoghurt<br>1 Eßl. Müsli |
| **ABEND** 1 Scheibe Vollkornbrot<br>2 Eßl. körniger Frischkäse<br>1 mittelgroße Paprikaschote | 1 Scheibe Vollkornbrot<br>2 Eßl. körniger Frischkäse<br>1 mittelgroße Paprikaschote |

| 1200 KALORIEN | 1600 KALORIEN | |
|---|---|---|
| 2 Scheiben Knäckebrot<br>1/2 Ecke Schmelzkäse<br>(45 % Fett)<br>1 Bund Radieschen<br>2 kleine Tomaten | 2 Scheiben Vollkornbrot<br>1 Teel. Butter oder Margarine<br>1/2 Ecke Schmelzkäse<br>(45 % Fett)<br>1 Bund Radieschen<br>2 kleine Tomaten | FRÜH-STÜCK |
| 1 großer Apfel | 1 großer Apfel | EXTRA |
| Salat aus<br>200 Gramm Gemüse 2<br><br>100 Gramm Krabben<br>1 mittelgroße Stange Porree<br>6 Eßl. gekochter Reis<br>2 Teel. Öl<br><br>2 mittelgroße Kiwis | Salat aus<br>200 Gramm Gemüse 2<br><br>100 Gramm Krabben<br>1 mittelgroße Stange Porree<br>6 Eßl. gekochter Reis<br>2 Teel. Öl<br><br>2 mittelgroße Kiwis | MITTAG |
| 1 Becher Magermilchjoghurt<br>1 Eßl. Müsli | 1 Becher Magermilchjoghurt<br>1 Eßl. Müsli | EXTRA |
| 1 Scheibe Vollkornbrot<br>2 Eßl. körniger Frischkäse<br>1 mittelgroße Paprikaschote | 1 Scheibe Vollkornbrot<br>3 Taler Pumpernickel<br>3 Teel. Butter oder Margarine<br>2 Eßl. körniger Frischkäse<br>1 mittelgroße Paprikaschote | ABEND |

# Samstag

| | 800 KALORIEN | 1000 KALORIEN |
|---|---|---|
| FRÜH-STÜCK | 1 Roggenbrötchen<br>100 Gramm Magerquark<br>1 Teel. Honig | 1 Roggenbrötchen<br>100 Gramm Magerquark<br>1 Teel. Honig |
| EXTRA | 200 Gramm Dickmilch (1,5 %) | 200 Gramm Dickmilch (1,5 %) |
| MITTAG | 1 Ei<br>150 Gramm feine Erbsen | 2 Eier<br>150 Gramm feine Erbsen<br>4 Eßl. gekochter Reis |
| EXTRA | 1 kleine Banane | 1 kleine Banane |
| ABEND | Salat aus<br>200 Gramm Gemüse 1<br>und 2 Teel. Öl<br>2 Scheiben Flachknäcke | Salat aus<br>200 Gramm Gemüse 1<br>und 2 Teel. Öl<br>2 Scheiben Flachknäcke |

| 1200 KALORIEN | 1600 KALORIEN | |
|---|---|---|
| 1 Roggenbrötchen<br>100 Gramm Magerquark<br>1 Teel. Honig | 2 Roggenbrötchen<br>100 Gramm Magerquark<br>2 Teel. Honig<br>2 Teel. Haselnüsse | FRÜH-STÜCK |
| 200 Gramm Dickmilch (1,5 %) | 200 Gramm Dickmilch (1,5 %) | EXTRA |
| 1 Portion Kopfsalat<br>1 mittelgroße Paprikaschote<br><br>2 Eier<br>150 Gramm feine Erbsen<br>4 Eßl. gekochter Reis<br><br>1 mittelgroße Orange | 1 Portion Kopfsalat<br>1 mittelgroße Paprikaschote<br><br>2 Eier<br>150 Gramm feine Erbsen<br>4 Eßl. gekochter Reis<br><br>1 mittelgroße Orange | MITTAG |
| 1 kleine Banane | 1 kleine Banane | EXTRA |
| Salat aus<br>200 Gramm Gemüse 1<br>und 2 Teel. Öl<br>2 Scheiben Flachknäcke | Salat aus<br>200 Gramm Gemüse 1,<br>200 Gramm Gemüse 2<br>und 2 Teel. Öl<br>1 Scheibe Vollkornbrot<br>2 Teel. Butter oder Margarine | ABEND |

# 4.Woche

Hier beginnt nun das letzte Kapitel, die vierte Woche der Aufbaudiät. Nach all der Praxis und den unterschiedlichen Übungen müßten Sie jetzt sehr gut beurteilen können, wie Ihre Ernährung in Zukunft aussehen muß, wenn Ihr Wohlbefinden für Sie eher eine Selbstverständlichkeit und kein Problem sein soll. Sie werden jetzt auch ziemlich klar feststellen können, welche schwerwiegenden Ernährungsfehler Ihnen Gewichtsprobleme einge- brockt haben. Jetzt müßten Sie als „mündiger Esser" imstande sein, sehr genau beurteilen zu können, was Ihr Körper braucht und was Sie ihm nicht zumuten sollten. Bei allen Ernährungsfeh- lern, die Sie heute noch begehen, sollten Sie sich immer wieder fragen, ob Sie das Ihrem Körper antun müssen. Denken Sie daran: Ihr Körper ist ein Luxusartikel, es gibt ihn nur ein einziges Mal.

# Sonntag

| | 800 KALORIEN | 1000 KALORIEN |
|---|---|---|
| FRÜH-STÜCK | 1 Scheibe Knäckebrot<br>1 Teel. Butter oder Margarine<br>1 Scheibe Käse (45 % Fett)<br>125 Gramm Erdbeeren | 1 Scheibe Knäckebrot<br>1 Teel. Butter oder Margarine<br>1 Scheibe Käse (45 % Fett)<br>125 Gramm Erdbeeren |
| EXTRA | 1 mittelgroße Orange | 1 mittelgroße Orange |
| MITTAG | 1 Hähnchenbrustfilet<br>200 Gramm Gemüse 1<br>1 Teel. Butter oder Margarine | 1 Hähnchenbrustfilet<br>200 Gramm Gemüse 1<br>1 Teel. Butter oder Margarine<br>50 Gramm Nudeln |
| EXTRA | 1 Vollkornzwieback<br>1 Teel. Butter oder Margarine<br>1 Teel. Honig | 1 Vollkornzwieback<br>1 Teel. Butter oder Margarine<br>1 Teel. Honig |
| ABEND | 200 Gramm Gemüse 2<br>2 Teel. Haselnüsse<br>1/2 Scheibe Vollkornbrot | 200 Gramm Gemüse 2<br>2 Teel. Haselnüsse<br>1/2 Scheibe Vollkornbrot |

| 1200 KALORIEN | 1600 KALORIEN | |
|---|---|---|
| 1 Scheibe Knäckebrot<br>1 Teel. Butter oder Margarine<br>1 Scheibe Käse (45 % Fett)<br>125 Gramm Erdbeeren | 1 Roggenbrötchen<br>2 Scheiben Flachknäcke<br>2 Teel. Butter oder Margarine<br>2 Teel. Crème fraîche<br>1 Teel. Honig<br>1 Scheibe Käse (45 % Fett)<br>125 Gramm Erdbeeren | FRÜH-STÜCK |
| 1 mittelgroße Orange | 1 mittelgroße Orange | EXTRA |
| 2 Tassen Brühe (Instant)<br>1 mittelgroße Kartoffel<br>1 kleine Stange Porree<br><br>1 Hähnchenbrustfilet<br>200 Gramm Gemüse 1<br>1 Teel. Butter oder Margarine<br>50 Gramm Nudeln<br><br>1 kleine Banane | 2 Tassen Brühe (Instant)<br>1 mittelgroße Kartoffel<br>1 kleine Stange Porree<br><br>1 Hähnchenbrustfilet<br>200 Gramm Gemüse 1<br>1 Teel. Butter oder Margarine<br>50 Gramm Nudeln<br><br>1 kleine Banane | MITTAG |
| 1 Vollkornzwieback<br>1 Teel. Butter oder Margarine<br>1 Teel. Honig | 1 Vollkornzwieback<br>1 Teel. Butter oder Margarine<br>1 Teel. Honig | EXTRA |
| 200 Gramm Gemüse 2<br>2 Teel. Haselnüsse<br>1/2 Scheibe Vollkornbrot | 200 Gramm Gemüse 2<br>2 Teel. Haselnüsse<br>2 Scheiben Käse (45 % Fett)<br>1 Teel. Öl<br>1/2 Scheibe Vollkornbrot | ABEND |

233

# Montag

| 800 KALORIEN | 1000 KALORIEN |
|---|---|
| **FRÜH-STÜCK** 200 Gramm Dickmilch (1,5 %)<br>1 Eßl. Müsli<br>1 Teel. Honig<br>1 Scheibe Flachknäcke | 200 Gramm Dickmilch (1,5 %)<br>1 Eßl. Müsli<br>1 Teel. Honig<br>1 Scheibe Flachknäcke |
| **EXTRA** 2 große Möhren | 2 große Möhren |
| **MITTAG** 200 Gramm Gemüse 1<br>2 Teel. Crème fraîche<br>2 mittelgroße Kartoffeln | 200 Gramm Gemüse 1<br>2 Teel. Butter oder Margarine<br>3 mittelgroße Kartoffeln<br>1 Ei |
| **EXTRA** 125 Gramm Erdbeeren<br>1 Becher Magermilchjoghurt | 125 Gramm Erdbeeren<br>1 Becher Magermilchjoghurt |
| **ABEND** 100 Gramm körniger Frischkäse<br>200 Gramm Gemüse 1<br>1 Teel. Öl | 100 Gramm körniger Frischkäse<br>200 Gramm Gemüse 1<br>1 Teel. Öl |

| 1200 KALORIEN | 1600 KALORIEN | |
|---|---|---|
| 200 Gramm Dickmilch (1,5 %)<br>1 Eßl. Müsli<br>1 Teel. Honig<br>1 Scheibe Flachknäcke | 200 Gramm Dickmilch (1,5 %)<br>2 Eßl. Müsli<br>2 Teel. Honig<br>1 Scheibe Vollkornbrot<br>1 Teel. Butter oder Margarine<br>1 kleine Tomate | FRÜH-<br>STÜCK |
| 2 große Möhren | 2 große Möhren | EXTRA |
| Salat aus<br>200 Gramm Gemüse 2<br><br>200 Gramm Gemüse 1<br>2 Teel. Butter oder Margarine<br>3 mittelgroße Kartoffeln<br>1 Ei<br><br>1 großer Apfel | Salat aus<br>200 Gramm Gemüse 2<br><br>200 Gramm Gemüse 1<br>2·Teel. Butter oder Margarine<br>3 mittelgroße Kartoffeln<br>1 Ei<br><br>1 großer Apfel | MITTAG |
| 125 Gramm Erdbeeren<br>1 Becher Magermilchjoghurt | 125 Gramm Erdbeeren<br>1 Becher Magermilchjoghurt | EXTRA |
| 100 Gramm körniger<br>Frischkäse<br>200 Gramm Gemüse 1<br>1 Teel. Öl | 100 Gramm körniger<br>Frischkäse<br>300 Gramm Gemüse 1<br>2 Teel. Öl<br>1 Scheibe Vollkornbrot | ABEND |

# Dienstag

| | 800 KALORIEN | 1000 KALORIEN |
|---|---|---|
| FRÜH-STÜCK | 1 Scheibe Knäckebrot<br>1 Scheibe Flachknäcke<br>1 Teel. Butter oder Margarine<br>1 Teel. Crème fraîche<br>1 Scheibe Aufschnitt<br>1 Teel. Honig | 1 Scheibe Knäckebrot<br>1 Scheibe Flachknäcke<br>1 Teel. Butter oder Margarine<br>1 Teel. Crème fraîche<br>1 Scheibe Aufschnitt<br>1 Teel. Honig |
| EXTRA | 1 mittelgroße Birne | 1 mittelgroße Birne |
| MITTAG | 3 Scheiben Rindfleischsülze<br>1 mittelgroße Kartoffel<br>1/2 Teel. Öl<br>100 Gramm Gemüse 1 | 5 Scheiben Rindfleischsülze<br>2 mittelgroße Kartoffeln<br>2 Teel. Öl<br>100 Gramm Gemüse 1 |
| EXTRA | 1 Becher Magermilchjoghurt<br>1 Eßl. Müsli | 1 Becher Magermilchjoghurt<br>1 Eßl. Müsli |
| ABEND | 1 Scheibe Vollkornbrot<br>1 Teel. Butter oder Margarine<br>1/3 Stange Harzer Käse | 1 Scheibe Vollkornbrot<br>1 Teel. Butter oder Margarine<br>1/3 Stange Harzer Käse |

| 1200 KALORIEN | 1600 KALORIEN | |
|---|---|---|
| 1 Scheibe Knäckebrot<br>1 Scheibe Flachknäcke<br>1 Teel. Butter oder Margarine<br>1 Teel. Crème fraîche<br>1 Scheibe Aufschnitt<br>1 Teel. Honig | 1 Scheibe Vollkornbrot<br>1 Roggenbrötchen<br>2 Teel. Butter oder Margarine<br>2 Teel. Crème fraîche<br>1 Scheibe Aufschnitt<br>1 Teel. Honig | FRÜH-STÜCK |
| 1 mittelgroße Birne | 1 mittelgroße Birne | EXTRA |
| Salat aus<br>200 Gramm Gemüse 2<br><br>5 Scheiben Rindfleischsülze<br>2 mittelgroße Kartoffeln<br>2 Teel. Öl<br>100 Gramm Gemüse 1<br><br>1 mittelgroße Orange | Salat aus<br>200 Gramm Gemüse 2<br><br>5 Scheiben Rindfleischsülze<br>2 mittelgroße Kartoffeln<br>2 Teel. Öl<br>100 Gramm Gemüse 1<br><br>1 mittelgroße Orange | MITTAG |
| 1 Becher Magermilchjoghurt<br>1 Eßl. Müsli | 1 Becher Magermilchjoghurt<br>1 Eßl. Müsli | EXTRA |
| 1 Scheibe Vollkornbrot<br>1 Teel. Butter oder Margarine<br>1/3 Stange Harzer Käse | 2 Scheiben Vollkornbrot<br>2 Teel. Butter oder Margarine<br>1/3 Stange Harzer Käse<br>2 kleine Zwiebeln | ABEND |

# Mittwoch

| 800 KALORIEN | 1000 KALORIEN |
|---|---|
| **FRÜH-STÜCK** 100 Gramm körniger Frischkäse<br>2 Teel. Haselnüsse<br>1 Teel. Honig<br>1 Scheibe Flachknäcke | 100 Gramm körniger Frischkäse<br>2 Teel. Haselnüsse<br>1 Teel. Honig<br>1 Scheibe Flachknäcke |
| **EXTRA** 2 mittelgroße Kiwis | 2 mittelgroße Kiwis |
| **MITTAG** 75 Gramm Leber<br>1/2 großer Apfel<br>1 kleine Zwiebel<br>1 Teel. Butter oder Margarine | 100 Gramm Leber<br>1/2 großer Apfel<br>1 kleine Zwiebel<br>2 Teel. Butter oder Margarine<br>2 mittelgroße Kartoffeln |
| **EXTRA** 1 Becher Magermilchjoghurt<br>1/2 großer Apfel | 1 Becher Magermilchjoghurt<br>1/2 großer Apfel |
| **ABEND** 1 Scheibe Vollkornbrot<br>1 Teel. Butter oder Margarine<br>1 Scheibe Aufschnitt | 1 Scheibe Vollkornbrot<br>1 Teel. Butter oder Margarine<br>1 Scheibe Aufschnitt |

| 1200 KALORIEN | 1600 KALORIEN | |
|---|---|---|
| 100 Gramm körniger Frischkäse<br>2 Teel. Haselnüsse<br>1 Teel. Honig<br>1 Scheibe Flachknäcke | 100 Gramm körniger Frischkäse<br>2 Teel. Haselnüsse<br>1 Teel. Honig<br>1 Scheibe Vollkornbrot<br>1 Scheibe Flachknäcke<br>1 Teel. Butter oder Margarine<br>1 Scheibe Aufschnitt | FRÜH-STÜCK |
| 2 mittelgroße Kiwis | 2 mittelgroße Kiwis | EXTRA |
| Salat aus<br>1 Portion Kopfsalat,<br>1 mittelgroßen Paprikaschote,<br>100 Gramm Dickmilch (1,5 %)<br><br>100 Gramm Leber<br>1/2 großer Apfel<br>1 kleine Zwiebel<br>2 Teel. Butter oder Margarine<br>2 mittelgroße Kartoffeln<br><br>1/2 Honigmelone | Salat aus<br>1 Portion Kopfsalat,<br>1 mittelgroßen Paprikaschote,<br>100 Gramm Dickmilch (1,5 %)<br><br>100 Gramm Leber<br>1/2 großer Apfel<br>1 kleine Zwiebel<br>2 Teel. Butter oder Margarine<br>2 mittelgroße Kartoffeln<br><br>1/2 Honigmelone | MITTAG |
| 1 Becher Magermilchjoghurt<br>1/2 großer Apfel | 1 Becher Magermilchjoghurt<br>1/2 großer Apfel | EXTRA |
| 1 Scheibe Vollkornbrot<br>1 Teel. Butter oder Margarine<br>1 Scheibe Aufschnitt | 2 Scheiben Vollkornbrot<br>2 Teel. Butter oder Margarine<br>1 Scheibe Aufschnitt<br>2 kleine Tomaten<br>1 kleine Zwiebel | ABEND |

239

# Donnerstag

| | 800 KALORIEN | 1000 KALORIEN |
|---|---|---|
| FRÜH-STÜCK | 3 Scheiben Flachknäcke<br>1/2 Ecke Schmelzkäse<br>(45 % Fett)<br>2 kleine Tomaten<br>1 Bund Radieschen | 3 Scheiben Flachknäcke<br>1/2 Ecke Schmelzkäse<br>(45 % Fett)<br>2 kleine Tomaten<br>1 Bund Radieschen |
| EXTRA | 2 mittelgroße Paprikaschoten | 2 mittelgroße Paprikaschoten |
| MITTAG | 50 Gramm Beefsteakhack<br>1/2 Teel. Öl<br>300 Gramm Gemüse 2 | 50 Gramm Beefsteakhack<br>2 Teel. Öl<br>200 Gramm Gemüse 2<br>6 Eßl. gekochter Reis |
| EXTRA | 1 mittelgroße Orange | 1 mittelgroße Orange |
| ABEND | 1 Scheibe Vollkornbrot<br>50 Gramm Beefsteakhack<br>1 kleine Zwiebel | 1 Scheibe Vollkornbrot<br>50 Gramm Beefsteakhack<br>1 kleine Zwiebel |

| 1200 KALORIEN | 1600 KALORIEN | |
|---|---|---|
| 3 Scheiben Flachknäcke<br>1/2 Ecke Schmelzkäse<br>(45 % Fett)<br>2 kleine Tomaten<br>1 Bund Radieschen | 2 Scheiben Vollkornbrot<br>1 Teel. Butter oder Margarine<br>1/2 Ecke Schmelzkäse<br>(45 % Fett)<br>2 kleine Tomaten<br>1 Bund Radieschen | FRÜH-STÜCK |
| 2 mittelgroße Paprikaschoten | 2 mittelgroße Paprikaschoten | EXTRA |
| 2 Tassen Brühe (Instant)<br>100 Gramm Champignons<br>1 Eßl. geriebener Käse<br>(45 % Fett)<br><br>50 Gramm Beefsteakhack<br>2 Teel. Öl<br>200 Gramm Gemüse 2<br>6 Eßl. gekochter Reis<br><br>125 Gramm Himbeeren<br>100 Gramm Dickmilch (1,5 %) | 2 Tassen Brühe (Instant)<br>100 Gramm Champignons<br>1 Eßl. geriebener Käse<br>(45 % Fett)<br><br>50 Gramm Beefsteakhack<br>2 Teel. Öl<br>200 Gramm Gemüse 2<br>6 Eßl. gekochter Reis<br><br>125 Gramm Himbeeren<br>100 Gramm Dickmilch (1,5 %) | MITTAG |
| 1 mittelgroße Orange | 1 mittelgroße Orange | EXTRA |
| 1 Scheibe Vollkornbrot<br>50 Gramm Beefsteakhack<br>1 kleine Zwiebel | 2 Scheiben Vollkornbrot<br>2 Teel. Butter oder Margarine<br>50 Gramm Beefsteakhack<br>1 kleine Zwiebel<br>1 Gewürzgurke | ABEND |

# Freitag

| 800 KALORIEN | 1000 KALORIEN |
|---|---|
| **FRÜH-STÜCK** 1 Scheibe Vollkornbrot<br>1 Teel. Butter oder Margarine<br>1 Scheibe Aufschnitt | 1 Scheibe Vollkornbrot<br>1 Teel. Butter oder Margarine<br>1 Scheibe Aufschnitt |
| **EXTRA** 1 großer Apfel | 1 großer Apfel |
| **MITTAG** 100 Gramm Schellfischfilet<br>1 mittelgroße Stange Porree<br>1 Teel. Öl<br>2 Teel. Crème fraîche | 150 Gramm Schellfischfilet<br>1 mittelgroße Stange Porree<br>2 Teel. Öl<br>2 Teel. Crème fraîche<br>2 mittelgroße Kartoffeln |
| **EXTRA** 2 große Möhren | 2 große Möhren |
| **ABEND** 1 Scheibe Vollkornbrot<br>50 Gramm Thunfisch (natur)<br>1 mittelgroße Paprikaschote | 1 Scheibe Vollkornbrot<br>50 Gramm Thunfisch (natur)<br>1 mittelgroße Paprikaschote |

| 1200 KALORIEN | 1600 KALORIEN | |
|---|---|---|
| 1 Scheibe Vollkornbrot<br>1 Teel. Butter oder Margarine<br>1 Scheibe Aufschnitt | 1 Scheibe Vollkornbrot<br>1 Scheibe Knäckebrot<br>2 Teel. Butter oder Margarine<br>2 Teel. Crème fraîche<br>1 Scheibe Aufschnitt<br>2 Teel. Honig<br>1 Teel. Haselnüsse | FRÜH-STÜCK |
| 1 großer Apfel | 1 großer Apfel | EXTRA |
| Salat aus<br>200 Gramm Gemüse 2<br><br>150 Gramm Schellfischfilet<br>1 mittelgroße Stange Porree<br>2 Teel. Öl<br>2 Teel. Crème fraîche<br>2 mittelgroße Kartoffeln<br><br>1 kleine Banane | Salat aus<br>200 Gramm Gemüse 2<br><br>150 Gramm Schellfischfilet<br>1 mittelgroße Stange Porree<br>2 Teel. Öl<br>2 Teel. Crème fraîche<br>2 mittelgroße Kartoffeln<br><br>1 kleine Banane | MITTAG |
| 2 große Möhren | 2 große Möhren | EXTRA |
| 1 Scheibe Vollkornbrot<br>50 Gramm Thunfisch (natur)<br>1 mittelgroße Paprikaschote | 2 Scheiben Vollkornbrot<br>50 Gramm Thunfisch (natur)<br>1 mittelgroße Paprikaschote<br>2 Teel. Butter oder Margarine<br>1 kleine Zwiebel | ABEND |

# Samstag

|  | 800 KALORIEN | 1000 KALORIEN |
|---|---|---|
| FRÜH-STÜCK | 1 Roggenbrötchen<br>100 Gramm Magerquark<br>1 Bund Radieschen | 1 Roggenbrötchen<br>100 Gramm Magerquark<br>1 Bund Radieschen |
| EXTRA | 1 mittelgroße Orange | 1 mittelgroße Orange |
| MITTAG | 200 Gramm Gemüse 1<br>2 Scheiben Käse (45 % Fett) | 200 Gramm Gemüse 1<br>2 Scheiben Käse (45 % Fett)<br>3 mittelgroße Kartoffeln |
| EXTRA | 250 Gramm Erdbeeren | 250 Gramm Erdbeeren |
| ABEND | Salat aus<br>200 Gramm Gemüse 2,<br>1 Ei,<br>1 Teel. Öl | Salat aus<br>200 Gramm Gemüse 2,<br>1 Ei,<br>1 Teel. Öl |

| 1200 KALORIEN | 1600 KALORIEN | |
|---|---|---|
| 1 Roggenbrötchen<br>100 Gramm Magerquark<br>1 Bund Radieschen | 2 Roggenbrötchen<br>100 Gramm Sahnequark<br>1 Bund Radieschen<br>1 Teel. Honig | FRÜH-STÜCK |
| 1 mittelgroße Orange | 1 mittelgroße Orange | EXTRA |
| 1 Portion Kopfsalat<br>2 Teel. Öl<br><br>200 Gramm Gemüse 1<br>2 Scheiben Käse (45 % Fett)<br>3 mittelgroße Kartoffeln<br><br>1/2 kleine Honigmelone | 1 Portion Kopfsalat<br>2 Teel. Öl<br><br>200 Gramm Gemüse 1<br>2 Scheiben Käse (45 % Fett)<br>3 mittelgroße Kartoffeln<br><br>1/2 kleine Honigmelone | MITTAG |
| 250 Gramm Erdbeeren | 250 Gramm Erdbeeren | EXTRA |
| Salat aus<br>200 Gramm Gemüse 2,<br>1 Ei,<br>2 Teel. Öl | Salat aus<br>200 Gramm Gemüse 2,<br>1 Ei,<br>2 Teel. Öl,<br>2 mittelgroßen Kartoffeln | ABEND |

# Vorräte von A bis Z

Bevor Sie an den Diätstart gehen, sollten Sie Ihre Vorräte überprüfen. Kleinere Mengen von den hier angegebenen Zutaten sollten Sie vorrätig haben und kühl und trocken lagern. Die mit einem Sternchen versehenen Zutaten benötigen Sie für die grüne Diät.

**Ahornsirup*** – bekommen Sie in Reformhäusern und Feinkostläden. 1 Eßl. = 10 g = 26 Kalorien.

**Azukibohnen*** – rote Sojabohnen mit hohem Eiweißgehalt und kurzer Garzeit. Zu kaufen in Reformhäusern und in den Diätabteilungen von Supermärkten und Kaufhäusern. Die Bohnen müssen über Nacht eingeweicht und dann 20 Minuten gekocht werden.

**Butter** – wir überlassen es Ihnen, ob Sie als Streichfett Butter oder Margarine verwenden. Wenn bei Ihnen ein zu hoher Cholesterinspiegel festgestellt wurde, sollten Sie allerdings Margarine verwenden. 1 Teel. = 5 g = 39 Kalorien.

**Cayennepfeffer**

**Corn-flakes**

**Crème fraîche** – eignet sich hervorragend als Brotaufstrich und zum Verfeinern von Soßen. 1 Teel. = 5 g = 15 Kalorien.

**Curry**

**Edelsüß-Paprika**

**Essig** – verwenden Sie einen milden Obstessig (Apfel- oder Himbeeressig), dann vermissen Sie bei den Salaten das Öl nicht, an dem wegen der Kalorien gespart werden muß.

**Flachknäcke** – ganz dünnes Knäckebrot, das als „Crisp" oder „Rogga" im Handel ist. 1 Scheibe = 6 g = 23 Kalorien.

**Gewürzgurken**

**Grüner Pfeffer**

**Haselnüsse** – kleinere Mengen gehackt in einem Schraubglas im Kühlschrank aufbewahren.

**Honig**

**Instant-Brühe** – kennen Sie vielleicht als gekörnte Brühe. Sollten Sie als Fleisch- und als Hühnerbrühe vorrätig haben.

**Instant-Gemüsebrühe*** – gibt es in Reformhäusern. Auch gut geeignet zum Würzen.

**Instant-Kartoffelpüreeflocken** – Fertigprodukt, enthält bereits Milch, muß nur mit heißem Wasser verrührt werden. 1 Eßl. = 5 g = 18 Kalorien. 6 Eßl. entsprechen ungefähr 2 mittelgroßen Kartoffeln, falls Ihnen ein konventionelles Püree lieber ist.

**Kaffee** – enthält keine Kalorien und kann während der Diät in den Mengen getrunken werden, wie Sie ihn vertragen, allerdings ohne Milch oder Sahne und nur mit Süßstoff gesüßt.

**Kaffeesahne (10 % Fett)** – benötigen Sie zum Verfeinern von Milchprodukten und Soßen. Gibt es in 7,5 g-Döschen.

**Kapern**

**Kartoffeln** – in allen Programmen werden mittelgroße Kartoffeln verwendet mit einem Gewicht von etwa 75 Gramm. Wiegen Sie Ihre Kartoffeln einmal aus. Bei einer wesentlich kleineren Sorte können Sie eventuell zwei dafür nehmen.

**Knäckebrot** – möglichst Vollkornknäcke verwenden. 1 Scheibe = 10 g = 38 Kalorien.

**Knoblauchzehen**

**Kümmel**

**Lorbeerblätter**

**Majoran**

**Mandeln** – in kleinen Mengen gehackt im Schraubglas aufbewahren. Werden nur selten in den Diät-Programmen benötigt und können auch durch Haselnüsse ersetzt werden.

**Margarine** – siehe Butter.

**Mehl** – wird nur in winzigen Mengen gebraucht, deshalb spielt die Sorte keine Rolle.

**Mineralwasser** – wird beim Zubereiten der Diätmahlzeiten nur in kleinen Mengen benötigt. Sie sollten es aber immer in größeren Mengen im Haus haben, weil Sie während der Diät bis zu drei Liter täglich trinken sollten.

**Müsli** – Fertigprodukt, gibt es in verschiedenen Zusammensetzungen in Reformhäusern und in den Diätabteilungen des Lebensmitteleinzelhandels und der Kaufhäuser. 1 Eßl. = 10 g = 43 Kalorien.

**Muskat**

**Naturreis*** – wird auch als unpolierter Reis bezeichnet. Enthält mehr Vitamine und Mineralstoffe, aber nicht mehr Kalorien. Sollte auch in der

Idealdiät verwendet werden. Die Garzeit beträgt etwa 40 Minuten. Kann über Nacht eingeweicht werden, das verkürzt die Garzeit auf 20 Minuten. 1 Eßl. = 15 g = 56 Kalorien. 1 Eßl. roher Naturreis ergibt 3 Eßl. gekochten Reis mit einem Gewicht von 37,5 Gramm.

## Nelken

**Nudeln** – sollten in Form von Bandnudeln, Spaghetti und Spätzle vorhanden sein. Gewöhnen Sie sich an Nudeln aus Vollkorn, der Vitamine und Mineralstoffe wegen.

**Obstessig**\* – gibt es im Lebensmittelhandel und in Reformhäusern. Sollte auch in der Idealdiät verwendet werden.

**Öl** – möglichst kaltgepreßte Pflanzenöle verwenden.

## Oregano

## Pfeffer

## Piment

**Pistazien**\* – werden in kleinen Mengen in der grünen Diät benötigt. Können gegen Haselnüsse ausgetauscht werden.

**Pumpernickel** – es tauchen in diesem Buch nur die kleinen, runden Taler auf. 1 Taler = 10 g = 25 Kalorien.

**Reis** – in der Idealdiät wird keine spezielle Sorte vorgeschrieben, besser wäre es jedoch, wenn Sie sich an Naturreis gewöhnen könnten. 1 Eßl. normaler Reis = 15 Gramm = 55 Kalorien. Ergibt 2 Eßl. gekochten Reis mit einem Gewicht von 30 Gramm.

## Rosenpaprika

## Rosinen

**Rostbratwürstchen** – Eine TK-Packung enthält 10 kleine Würstchen à 25 Gramm. 1 Würstchen = 76 Kalorien.

## Rote Bete

**Salatcreme** – eine leichte Mayonnaise auf Joghurtbasis. Eignet sich gut als Brotaufstrich. 1 Teel. = 5 g = 14 Kalorien.

**Salz** – gehen Sie sparsam mit Salz um. Würzen Sie lieber mit anderen Gewürzen und frischen Kräutern.

**Sauerkirschen** – ein kleines Glas Schattenmorellen sollten Sie im Kühlschrank haben. 1 Eßl. = 30 g = 24 Kalorien.

## Semmelbrösel

## Senf

**Sojamark**\* – gibt es im Reformhaus in verschiedenen Formen, als Granulat, Würfel oder Bröckchen. Sojamark ist ein wichtiger Eiweißlieferant. 100 Gramm enthalten 50 g Eiweiß, 1 g Fett, 33 g Kohlenhydrate und 340 Kalorien.

## Sojasoße

**Spätzle** – siehe Nudeln und Vollkornnudeln.

**Spaghetti** – siehe Nudeln und Vollkornnudeln.

**Spargel** – taucht in frischer Form nicht in den Diät-Programmen auf, weil die Spargelsaison relativ kurz ist. Sie sollten ein Mini-Glas im Vorrat haben.

**Süßstoff** – wird in flüssiger Form für alle Süßspeisen und für Salatsoßen benötigt.

**Tee** – alle Teesorten sind erlaubt.

## Thymian

## Tomatenketchup

**Tomatenmark** – kann als Brotaufstrich verwendet werden. 1 Teel. = 5 g = 2 Kalorien.

**Vanille** – auch wenn's ein bißchen teurer ist, verwenden Sie Stangenvanille. Bewahren Sie die Schoten im Schraubglas auf.

## Vollkornhaferflocken\*

**Vollkornnudeln**\* – werden aus Vollkorn hergestellt und sind reich an Vitaminen und Mineralstoffen, haben aber nicht mehr Kalorien als Nudeln aus Auszugsmehlen. Sollten auch in der Idealdiät verwendet werden.

**Vollkornspaghetti**\* – siehe Vollkornnudeln.

## Walnüsse\*

**Weißwein** – Wein und alle Arten von alkoholischen Getränken sollten Sie während der Diät meiden. Weißwein wird in geringen Mengen zum Kochen verwendet, kann aber in jedem Fall durch die gleiche Menge Brühe (Instant) ersetzt werden.

## Worcestershiresoße

## Zimt

**Zitronen** – die meisten Salatsoßen werden mit Zitronensaft zubereitet. Wenn in Süßspeisen abgeriebene Zitronenschale angegeben ist, waschen Sie bitte unter heißem Wasser das Wachs ab, ehe Sie die Schale verwenden.

**Zwieback** – möglichst Vollkornzwieback verwenden

## Zwiebeln

# Rezeptregister

Im ersten Register sind alle Rezepte mit Kalorienangaben nach Produkten und nach Art der Mahlzeiten geordnet. Im zweiten Register sind sie nach Mahlzeiten und in alphabetischer Reihenfolge geordnet. Außerdem gibt es an, ob die Rezepte billig und schnell zuzubereiten sind, ob sie Fleisch, Fisch oder Geflügel enthalten und ob sie sich für Kinder und Gäste eignen.

## Fleisch

**Beefsteakhack** — Kal.
| | Kal. |
|---|---|
| Cevapcici mit süß-saurem Weißkohl S. 108 | 400 |
| Königsberger Klopse und Reis S. 134 | 400 |
| Spaghetti Bolognese S. 69 | 400 |
| Wirsingrouladen mit Kartoffeln S. 66 | 400 |
| | |
| Brot mit Fleischklößchen S. 137 | 200 |
| Brot mit Zwiebeltatar S. 132 | 200 |
| Frikadelle mit Vollkornbrot S. 69 | 200 |
| Vollkornbrot mit Tatar S. 106 | 200 |

**Rindfleisch**
| | |
|---|---|
| Pfeffersteak mit Bohnen S. 32 | 400 |
| Rumpsteak mit Blumenkohl und Salat S. 80 | 400 |
| Weißkohleintopf mit Rindfleisch S. 102 | 400 |
| | |
| Brot mit kaltem Braten S. 83 | 200 |

**Kalbfleisch**
| | |
|---|---|
| Geschnetzeltes und Salat S. 64 | 400 |
| | |
| Brot mit Kalbfleischscheibchen S. 67 | 200 |
| Warmer Wirsingsalat S. 65 | 200 |

**Schweinefleisch**
| | |
|---|---|
| Geschnetzeltes und Salat S. 64 | 400 |
| Kasseler mit Sauerkraut S. 136 | 400 |
| Möhreneintopf mit Schweinefleisch S. 118 | 400 |
| Schnitzel mit Zuckerschoten S. 128 | 400 |
| Schweinefilet mit Champignons S. 16 | 400 |
| | |
| Brot mit Fleischsalat S. 121 | 200 |
| Feldsalat mit Filetscheiben S. 17 | 200 |
| Vollkornbrot mit kaltem Braten S. 131 | 200 |

**Leber**
| | |
|---|---|
| Geflügelleber und Nudeln S. 72 | 400 |
| Leber mit Salbei S. 96 | 400 |
| Venezianische Leber mit Reis S. 38 | 400 |
| | |
| Brot mit gebratener Leber S. 99 | 200 |
| Leberbrot S. 41 | 200 |

**Würstchen**
| | |
|---|---|
| Kartoffelsuppe mit Würstchen S. 130 | 400 |
| Mexikanischer Maistopf S. 61 | 400 |
| Würstchen mit Kartoffelsalat S. 34 | 400 |
| | |
| Nudelsalat S. 45 | 200 |

## Aufschnitt
| | Kal. |
|---|---|
| Bratkartoffeln mit Sülze S. 104 | 400 |
| Roastbeef mit Bratkartoffeln S. 37 | 400 |
| Schinkenröllchen in Currysahne S. 50 | 400 |
| | |
| Rosenkohl mit Kasselerstreifen S. 141 | 200 |
| Überbackener Porree mit Schinken S. 77 | 200 |

## Fisch
| | |
|---|---|
| Forelle in Folie und Salat S. 90 | 400 |
| Gefüllte Schollenfilets S. 26 | 400 |
| Hering in Gelee und Salat S. 122 | 400 |
| Kabeljaufilet mit Gemüsereis S. 42 | 400 |
| Lachsschnitte mit Kerbelsahne S. 138 | 400 |
| Schellfisch mit Senfsoße S. 58 | 400 |
| Spaghetti mit Thunfisch S. 106 | 400 |
| Süß-saure Fischspieße S. 74 | 400 |
| | |
| Bunter Salat mit Thunfisch S. 109 | 200 |
| Krabbenbrot S. 35 | 200 |
| Rührei mit Dillkrabben S. 33 | 200 |

## Geflügel
| | |
|---|---|
| Geflügelleber mit Nudeln S. 72 | 400 |
| Hähnchenkeule mit Paprikagemüse S. 25 | 400 |
| Hühnerfrikassee mit Reis und Salat S. 48 | 400 |
| Huhn in Weißwein S. 125 | 400 |
| Nasi Goreng S. 28 | 400 |
| Putenroulade mit Spätzle S. 112 | 400 |
| | |
| Gebratene Geflügelleber auf Brot S. 75 | 200 |
| Geflügelsalat S. 51 | 200 |
| Vollkornbrot mit Putenfleisch S. 115 | 200 |

## Eier

**1 Ei**
| | |
|---|---|
| Nudelpfanne mit grünem Salat S. 158 | 400 |
| Rührei mit Champignons S. 117 | 400 |
| | |
| Apfel im Schlafrock S. 128 | 200 |
| Brot mit Schnittlauchei S. 86 | 200 |
| Crêpes mit Quarkfüllung S. 164 | 200 |
| Ei und Butterbrot S. 16 | 200 |
| Ei im Glas S. 64 | 200 |
| Ei mit Radieschenbrot S. 22 | 200 |
| Ei und Schinkenbrot S. 76 | 200 |
| Eibrot mit Kresse S. 58 | 200 |
| Gehacktes Ei auf Brot S. 70 | 200 |
| Kräuterei und Vollkornbrot S. 32 | 200 |
| Kräuteromelett S. 160 | 200 |
| Kressebrot mit Ei S. 108 | 200 |
| Omelett mit Banane und Rosinen S. 176 | 200 |

| | Kal. |
|---|---|
| Omelett mit Heidelbeeren S. 96 | 200 |
| Pfannkuchen mit Ahornsirup S. 148 | 200 |
| Rührei mit Dillkrabben S. 33 | 200 |
| Rührei – süß und salzig S. 140 | 200 |
| Rührei mit Vollkornbrot S. 48 | 200 |
| Spiegelei auf Tomatenscheiben S. 28 | 200 |
| Verlorenes Ei im Petersilienbett S. 112 | 200 |
| Vollkornbrot mit Ei S. 42 | 200 |
| Vollkornbrot mit Gurkenei S. 139 | 200 |
| Vollkornbrot mit Rührei S. 118 | 200 |

### 2 Eier

| | Kal. |
|---|---|
| Bauernomelett S. 22 | 400 |
| Bratkartoffeln mit Spiegeleiern S. 82 | 400 |
| Eier mit Senfsoße und Feldsalat S. 121 | 400 |
| Omeletts mit Champignons S. 132 | 400 |
| Pochierte Eier in Kerbelcreme S. 164 | 400 |
| Spinat mit Eiern S. 54 | 400 |
| Spinatreis mit pochierten Eiern S. 98 | 400 |
| Spinatsoufflé S. 148 | 400 |

### Nudelgerichte

| | Kal. |
|---|---|
| Käsenudeln S. 86 | 400 |
| Nudelauflauf S. 18 | 400 |
| Nudelpfanne mit grünem Salat S. 158 | 400 |
| Spaghetti Bolognese S. 69 | 400 |
| Spaghetti mit Champignonsahnesoße S. 45 | 400 |
| Spaghetti mit Thunfisch S. 106 | 400 |
| Vollkornspaghetti mit Tomatensoße S. 154 | 400 |
| | |
| Nudelsalat S. 45 | 200 |
| Nudelsalat mit warmer Sojasoße S. 157 | 200 |

### Reisgerichte

| | Kal. |
|---|---|
| Brasilianischer Reis S. 140 | 400 |
| Chinesischer Reis mit Porree S. 77 | 400 |
| Gebratene Banane und Naturreis S. 153 | 400 |
| Milchreis mit Zimt S. 168 | 400 |
| Nasi Goreng S. 28 | 400 |
| | |
| Reissalat mit Champignons S. 155 | 200 |
| Scharfer Reissalat S. 175 | 200 |
| | |
| Reisküchlein in Zitronensoße S. 177 | 100 |

### Gemüsegerichte

| | Kal. |
|---|---|
| Blumenkohlauflauf S. 84 | 400 |
| Blumenkohlcremesuppe S. 174 | 400 |
| Bohneneintopf S. 52 | 400 |
| Cevapcici mit süß-saurem Weißkohl S. 108 | 400 |
| Chinesischer Reis mit Porree S. 77 | 400 |
| Gefüllte Kartoffeln und Salat S. 101 | 400 |
| Gefüllte Paprikaschoten S. 160 | 400 |
| Kartoffelpizza und Salat S. 114 | 400 |
| Kümmelkartoffeln mit grüner Soße S. 177 | 400 |
| Majorankartoffeln S. 150 | 400 |
| Mexikanischer Maistopf S. 61 | 400 |
| Möreneintopf mit Schweinefleisch S. 118 | 400 |
| Omeletts mit Champignons S. 132 | 400 |
| Ratatouille S. 173 | 400 |
| Rührei und Champignons S. 117 | 400 |
| Sojabohneneintopf S. 157 | 400 |
| Spinat mit Eiern S. 54 | 400 |
| Spinatreis mit pochierten Eiern S. 98 | 400 |

| | Kal. |
|---|---|
| Spinatsoufflé S. 148 | 400 |
| Tomatensuppe S. 41 | 400 |
| Überbackener Brokkoli S. 57 | 400 |
| Weißer Bohneneintopf S. 89 | 400 |
| Weißkohleintopf mit Rindfleisch S. 102 | 400 |
| Wirsingeintopf mit Knusperkrümeln S. 70 | 400 |
| Wirsingrouladen mit Kartoffeln S. 66 | 400 |
| Artischocke mit Weißweinsoße S. 129 | 200 |
| Bohnensalat S. 93 | 200 |
| Bohnensalat (Azuki) S. 161 | 200 |
| Bunter Salat mit Kresse S. 169 | 200 |
| Bunter Salat mit Nüssen S. 125 | 200 |
| Bunter Salat mit Thunfisch S. 109 | 200 |
| Chicoréesalat mit Nußcreme S. 149 | 200 |
| Frisches Gemüse mit Dillcreme S. 29 | 200 |
| Griechischer Salat S. 151 | 200 |
| Gurkenkaltschale S. 177 | 200 |
| Maiskolben mit Butter S. 165 | 200 |
| Marinierte Champignons S. 81 | 200 |
| Provenzalische Tomaten S. 49 | 200 |
| Rettichtopf mit Knäckebrot S. 61 | 200 |
| Rosenkohl mit Kasselerstreifen S. 141 | 200 |
| Sojasprossensalat S. 158 | 200 |
| Spinatsalat mit Croutons S. 97 | 200 |
| Überbackener Porree mit Schinken S. 77 | 200 |
| Warmer Wirsingsalat S. 65 | 200 |
| Zwiebelsuppe S. 113 | 200 |

### Kartoffelgerichte

| | Kal. |
|---|---|
| Bauernomelett S. 22 | 400 |
| Béchamelkartoffeln S. 170 | 400 |
| Bratkartoffeln mit Spiegeleiern S. 82 | 400 |
| Bratkartoffeln mit Sülze S. 105 | 400 |
| Frühlingsquark mit Kartoffeln S. 166 | 400 |
| Gefüllte Kartoffeln und Salat S. 101 | 400 |
| Kartoffeln mit Quark und Salat S. 21 | 400 |
| Kartoffelgratin und Salat S. 92 | 400 |
| Kartoffelpizza und Salat S. 114 | 400 |
| Kartoffelsuppe mit Würstchen S. 130 | 400 |
| Kümmelkartoffeln mit grüner Soße S. 177 | 400 |
| Majorankartoffeln S. 150 | 400 |
| Würstchen mit Kartoffelsalat S. 34 | 400 |
| Roastbeef mit Bratkartoffeln S. 37 | 400 |

### Salate

| | Kal. |
|---|---|
| Bohnensalat S. 93 | 200 |
| Bohnensalat (Azuki) S. 161 | 200 |
| Bunter Salat mit Kresse S. 169 | 200 |
| Bunter Salat mit Nüssen S. 125 | 200 |
| Bunter Salat mit Thunfisch S. 109 | 200 |
| Chicoréesalat mit Nußcreme S. 149 | 200 |
| Feldsalat mit Filetscheiben S. 17 | 200 |
| Griechischer Salat S. 151 | 200 |
| Marinierte Champignons S. 81 | 200 |
| Nudelsalat S. 45 | 200 |
| Nudelsalat mit warmer Sojasoße S. 157 | 200 |
| Reissalat mit Champignons S. 155 | 200 |
| Rettichtopf mit Knäckebrot S. 61 | 200 |
| Rosenkohl mit Kasselerstreifen S. 141 | 200 |
| Scharfer Reissalat S. 175 | 200 |
| Sojasprossensalat S. 158 | 200 |
| Spinatsalat mit Croutons S. 97 | 200 |
| Waldorfsalat S. 153 | 200 |
| Warmer Wirsingsalat S. 65 | 200 |

# REGISTER

## Frühstück mit 200 Kalorien

| Rezept | kcal | billig | schnell | o. Fleisch | o. Milchprod. | Kinder | Gäste |
|---|---|---|---|---|---|---|---|
| Apfel im Schlafrock | 128 | • |  | • | • | • | • |
| Apfelcreme mit Zimt | 72 | • | • | • |  | • |  |
| Bananenbrote | 38 | • | • | • |  | • |  |
| Brot mit Bananencreme | 124 | • | • | • |  | • |  |
| Brot mit Gurkenquark | 40 | • | • | • |  |  |  |
| Brot mit Käse und Gurke | 152 | • | • | • |  |  |  |
| Brote mit Käse und Möhren | 116 | • | • | • |  | • |  |
| Brot mit Sojasprossen | 172 | • | • | • |  | • |  |
| Bunte Knäckebrote | 120 | • | • | • |  | • |  |
| Crêpes mit Quarkfüllung | 164 | • |  |  |  | • | • |
| Dickmilch mit Banane | 66 | • | • | • |  | • |  |
| Dickmilch mit Erdbeeren | 158 | • | • | • |  | • | • |
| Dickmilch mit Zitrone | 42 | • | • | • |  | • |  |
| Ei und Butterbrot | 16 | • | • |  | • | • | • |
| Ei im Glas | 64 | • | • |  | • | • | • |
| Ei und Knäckebrote | 92 | • | • |  | • | • | • |
| Ei mit Radieschenbrot | 22 | • | • |  | • | • | • |
| Ei und Schinkenbrot | 76 | • | • |  |  | • | • |
| Erdbeermilch | 114 | • | • | • |  | • |  |
| Erdbeerquark und Knäckebrot | 50 | • | • | • |  | • |  |
| Flachknäcke und Ei | 44 | • | • | • |  |  |  |
| Flachknäcke mit Käse | 24 | • | • | • |  | • |  |
| Frischkäse mit Dill | 168 | • | • | • |  |  |  |
| Frischkäse mit Himbeeren | 82 | • | • | • |  | • |  |
| Frischkäse mit Kirschen | 130 | • | • | • |  | • |  |
| Frischkäse mit Paprikawürfeln | 174 | • | • | • |  |  |  |
| Frischkäse mit Radieschen | 134 | • | • | • |  | • |  |
| Gurkenquark und Vollkornbrot | 122 | • | • | • |  | • |  |
| Himbeerquark | 106 | • | • | • |  | • |  |
| Honig-Nuß-Schnitten | 102 | • | • | • |  |  |  |
| Honigbrot | 58 | • | • | • | • | • | • |
| Käsebrot mit Gurkenscheiben | 54 | • | • | • |  | • | • |
| Käsebrot und Tomaten | 60 | • | • | • |  | • | • |
| Kiwiquark mit Corn-flakes | 18 | • | • | • |  | • |  |
| Knäckebrot – herzhaft und süß | 36 | • | • | • |  |  |  |
| Knäckebrot mit Käse und Tomate | 84 | • | • | • |  | • |  |
| Knäckebrot mit Schinken | 88 | • | • |  |  | • |  |
| Knäckebrot mit Schmelzkäse | 104 | • | • | • |  | • |  |
| Knäckebrot mit Sülze | 100 | • | • |  |  |  |  |
| Knäckebrot m. Tomate u. Kiwi | 138 | • | • | • |  |  |  |
| Kräuterei auf Vollkornbrot | 32 | • |  |  | • | • |  |
| Kräuteromelett | 160 | • |  |  | • | • |  |
| Kräuterquark mit Knäckebrot | 70 | • | • | • |  | • |  |
| Kressebrot mit Ei | 108 | • | • | • | • | • | • |
| Omelett mit Banane und Rosinen | 176 | • |  |  | • | • | • |
| Omelett mit Heidelbeeren | 96 | • |  |  | • | • | • |
| Orangenquark mit Corn-flakes | 34 | • | • | • |  | • |  |
| Pfannkuchen mit Ahornsirup | 148 | • |  | • | • | • | • |
| Pfirsichbrot | 166 | • | • | • |  | • |  |
| Porridge | 170 | • |  | • |  | • |  |
| Quarkbrot mit Honig | 86 | • | • | • |  | • |  |
| Quarkbrot m. Honig u. Nüssen | 118 | • | • | • |  | • |  |
| Quarkbrot mit Kiwi | 98 | • | • | • |  | • |  |
| Quarkbrot mit Tomate | 68 | • | • | • |  | • |  |
| Radieschenbrot | 52 | • | • | • |  | • |  |
| Radieschenbrot und Grapefruit | 74 | • | • | • |  | • |  |
| Radieschenquark | 26 | • | • | • |  | • |  |
| Rosinenquark | 90 | • | • | • |  | • |  |
| Rührei – süß und salzig | 140 | • | • |  | • | • | • |
| Rührei mit Vollkornbrot | 48 | • | • |  | • | • | • |
| Schmelzkäsebrot mit Kresse | 132 | • | • | • |  | • |  |
| Schnittlauchbrot | 156 | • | • | • |  | • |  |
| Spiegelei auf Tomatenscheiben | 28 | • | • |  | • | • | • |
| Süßer Frischkäse | 154 | • | • | • |  | • |  |
| Tomatenbrot mit Kresse | 20 | • | • | • |  | • |  |
| Vanillecreme mit Himbeeren | 150 | • | • | • |  |  | • |
| Verlorenes Ei im Petersilienbett | 112 | • |  | • | • | • | • |
| Vollkornbrot mit Kressequark | 56 | • | • | • |  | • |  |
| Zitronenmilch | 136 | • | • | • |  | • |  |

## Mittagessen mit 400 Kalorien

| Rezept | kcal | billig | schnell | o. Fleisch | o. Milchprod. | Kinder | Gäste |
|---|---|---|---|---|---|---|---|
| Bauernomelett | 22 | • | • |  |  | • | • |
| Béchamelkartoffeln | 170 | • | • | • |  | • |  |
| Blumenkohlauflauf | 84 | • |  | • |  | • | • |
| Blumenkohlcremesuppe | 174 | • | • | • |  | • | • |
| Bohneneintopf | 52 | • |  | • |  | • |  |
| Brasilianischer Reis | 140 | • |  | • |  | • |  |
| Bratkartoffeln mit Spiegeleiern | 82 | • | • |  |  | • |  |
| Bratkartoffeln mit Sülze | 105 | • | • |  |  |  |  |
| Cevapcici | 108 |  |  |  |  | • | • |
| Chinesischer Reis mit Porree | 77 | • | • |  |  | • | • |
| Eier mit Senfsoße und Feldsalat | 121 | • |  |  | • |  |  |
| Forelle in Folie und Salat | 90 |  |  |  |  | • | • |
| Frühlingsquark mit Kartoffeln | 166 | • |  | • |  | • |  |
| Gebratene Banane u. Naturreis | 153 | • |  | • |  | • |  |
| Geflügelleber mit Nudeln | 72 | • | • |  |  | • |  |
| Gefüllte Kartoffeln und Salat | 101 | • |  | • |  | • |  |
| Gefüllte Paprikaschoten | 160 | • |  | • |  | • |  |
| Gefüllte Schollenfilets | 26 | • | • |  |  | • | • |
| Geschnetzeltes und Salat | 64 | • |  |  |  | • | • |
| Hähnchenkeule mit Paprika | 25 | • | • |  |  | • | • |

| | billig | schnell | o. Fleisch | o. Milchprod. | Kinder | Gäste |
|---|---|---|---|---|---|---|
| Hering in Gelee und Salat 122 | ● | ● | | ● | ● | |
| Hühnerfrikassee mit Reis u. Salat 48 | ● | | | | ● | ● |
| Huhn in Weißwein 125 | | | | ● | ● | ● |
| Kabeljaufilet mit Gemüsereis 42 | ● | ● | | ● | ● | |
| Käsenudeln 86 | ● | | | | ● | ● |
| Kartoffeln mit Quark und Salat 21 | ● | ● | ● | | ● | |
| Kartoffelgratin und Salat 92 | ● | | | | ● | ● |
| Kartoffelpizza und Salat 114 | ● | | ● | | ● | ● |
| Kartoffelsuppe mit Würstchen 130 | ● | | | | ● | ● |
| Kasseler mit Sauerkraut 136 | | | ● | | ● | ● |
| Königsberger Klopse 134 | | | | | ● | ● |
| Kümmelkartoffeln 177 | ● | | ● | | ● | ● |
| Lachsschnitte mit Kerbelsahne 138 | | | | | ● | ● |
| Leber mit Salbei 96 | | | ● | | ● | ● |
| Majorankartoffeln 150 | ● | | ● | | ● | ● |
| Mexikanischer Maistopf 61 | ● | ● | | ● | ● | ● |
| Milchreis mit Zimt 168 | ● | | ● | | ● | |
| Möhreneintopf mit Schweinefl. 118 | | | | | ● | ● |
| Nasi Goreng 28 | ● | ● | | ● | ● | ● |
| Nudelauflauf 18 | ● | | ● | | ● | ● |
| Nudelpfanne mit grünem Salat 158 | ● | ● | ● | ● | ● | |
| Omeletts mit Champignons 132 | ● | ● | ● | | ● | |
| Pfeffersteak mit Bohnen 32 | | | ● | | | ● |
| Pochierte Eier in Kerbelcreme 164 | ● | | ● | | ● | |
| Putenroulade mit Spätzle 112 | | | | | ● | ● |
| Ratatouille 173 | ● | | ● | | | ● |
| Roastbeef mit Bratkartoffeln 37 | ● | ● | | | ● | ● |
| Rührei mit Champignons 117 | ● | ● | ● | | ● | |
| Rumpsteak mit Blumenkohl und Salat 80 | | | | | ● | ● |
| Schellfisch mit Senfsoße 58 | ● | ● | | | ● | ● |
| Schinkenröllchen in Currysahne 50 | ● | ● | | | ● | ● |
| Schnitzel mit Zuckerschoten 128 | ● | | | ● | ● | ● |
| Schweinefilet mit Champignons 16 | | | ● | | ● | ● |
| Sojabohneneintopf 157 | ● | | | ● | ● | ● |
| Spaghetti Bolognese 69 | ● | ● | | ● | ● | ● |
| Spaghetti mit Champignonsoße 45 | ● | ● | ● | | ● | ● |
| Spaghetti mit Thunfisch 106 | ● | ● | ● | | | |
| Spinat mit Eiern 54 | ● | ● | ● | | ● | |
| Spinatreis mit pochierten Eiern 98 | ● | ● | ● | | ● | |
| Spinatsoufflé 148 | ● | | | ● | ● | ● |
| Süß-saure Fischspießchen 74 | ● | | | | | |
| Tomatensuppe 41 | ● | ● | ● | | ● | |
| Überbackener Brokkoli 57 | ● | | | | ● | ● |
| Venezianische Leber mit Reis 38 | | | | ● | ● | ● |
| Vollkornspaghetti m. Tomatens. 154 | ● | | | ● | ● | ● |

| | billig | schnell | o. Fleisch | o. Milchprod. | Kinder | Gäste |
|---|---|---|---|---|---|---|
| Weißer Bohneneintopf 89 | ● | | | ● | ● | ● |
| Weißkohleintopf mit Rindfl. 102 | | | | | ● | ● |
| Wirsingeintopf mit Knusperkr. 70 | ● | | | ● | ● | ● |
| Wirsingrouladen mit Kartoffeln 66 | ● | | | | ● | ● |
| Würstchen mit Kartoffelsalat 34 | ● | ● | | | ● | ● |

# Abendessen mit 200 Kalorien

| | billig | schnell | o. Fleisch | o. Milchprod. | Kinder | Gäste |
|---|---|---|---|---|---|---|
| Artischocke mit Weißweinsoße 129 | | | ● | | | ● |
| Bohnensalat 93 | ● | | ● | ● | ● | ● |
| Bohnensalat (Azuki) 161 | ● | | ● | ● | ● | ● |
| Brot mit Fleischklößchen 137 | ● | | ● | | ● | |
| Brot mit Fleischsalat 121 | ● | | ● | ● | | ● |
| Brot mit gebratener Leber 99 | ● | | ● | | ● | |
| Brot mit Gurken-Käse-Salat 117 | ● | ● | ● | | ● | |
| Brot m. Käse u. Champignons 134 | ● | ● | ● | | ● | |
| Brot mit Käse und Radieschen 101 | ● | ● | ● | | ● | |
| Brot mit Kalbfleischscheibchen 67 | ● | | ● | ● | | ● |
| Brot mit kaltem Braten 83 | ● | ● | | | ● | ● |
| Brot mit Rindfleischsülze 102 | ● | | ● | ● | | ● |
| Brot mit Schnittlauchei 86 | ● | ● | ● | | ● | |
| Brot mit Zwiebeltatar 132 | ● | | ● | ● | | ● |
| Bunter Salat mit Kresse 169 | ● | | ● | ● | ● | ● |
| Bunter Salat mit Nüssen 125 | ● | | ● | ● | ● | ● |
| Bunter Salat mit Thunfisch 109 | ● | ● | ● | | | ● |
| Chicoréesalat mit Nußcreme 149 | ● | | ● | | | ● |
| Eibrot mit Kresse 58 | ● | ● | ● | | ● | |
| Feldsalat mit Filetscheiben 17 | | ● | | | ● | ● |
| Flachknäcke mit Harzer Käse 173 | ● | ● | ● | | | |
| Frikadelle mit Vollkornbrot 69 | ● | ● | | | ● | ● |
| Frisches Gemüse mit Dillcreme 29 | ● | ● | ● | | ● | |
| Gebr. Geflügelleber auf Brot 75 | ● | ● | | | ● | |
| Geflügelsalat 51 | ● | | | | ● | ● |
| Gehacktes Ei auf Brot 70 | ● | ● | ● | ● | ● | |
| Griechischer Salat 151 | ● | ● | ● | | | ● |
| Gurkenkaltschale 177 | ● | ● | ● | | | ● |
| Käsebrot 19 | ● | ● | ● | | ● | |
| Käsebrot mit Kräutertomate 57 | ● | ● | ● | | ● | |
| Krabbenbrot 35 | | ● | | | ● | |
| Leberbrot 41 | ● | | | | ● | |
| Liptauer auf Vollkornbrot 170 | ● | ● | ● | | | ● |
| Maiskolben mit Butter 165 | ● | | ● | | ● | |
| Marinierte Champignons 81 | ● | | ● | | | ● |
| Nudelsalat 45 | ● | | ● | | ● | ● |
| Nudelsalat m. warmer Sojasoße 157 | ● | | ● | | ● | ● |
| Paprikabrot 122 | ● | ● | ● | | ● | |

# Die ideale Ergänzung zu den Brigitte-Diät-Programmen:

## Brigitte Diät

Das **1000-Kalorienprogramm** zum Schlankwerden und Schlankbleiben mit **400 neuen** Rezepten. Von Helga Köster

**Das Kochbuch mit 400 köstlichen Rezepten,** die Sie beliebig kombinieren können. Beide Brigitte-Diät-Bücher zusammen ermöglichen Ihnen, über lange Zeit Diät zu halten und trotzdem abwechslungsreich und köstlich zu essen. Denn die Brigitte-Diät ist so ausgewogen, daß Sie sie beliebig lange durchführen können, ohne Ihrer Gesundheit zu schaden.

# Brigitte-Themen als Brigitte-Bücher

## Brigitte-Lexikon Die Frau Körper – Seele – Gesundheit

Von Renate Scholz und Margaret Minker
352 Seiten, 260 Begriffe, 225 farbige Illustrationen

## Brigitte Naturheilweisen vorbeugen – helfen – heilen

Von Renate Scholz und Margaret Minker
350 Seiten, 40 Zeichnungen

## Brigitte Gymnastik

Von Ilse Döring
168 Seiten, 200 Zeichnungen

## Brigitte Kochen & Einfrieren

Von Burgunde Rudolph und Christa Lösch
160 Seiten, 170 Rezepte, 40 Farbfotos

## Fleischlos glücklich

Von Elisabeth Lange
160 Seiten, 174 Rezepte, 29 Farbfotos

## Brigitte Diät

Von Helga Köster
200 Seiten, 400 neue Rezepte, 50 Farbfotos

## Brigitte Diät/2

von Helga Köster
256 Seiten, 200 Farbfotos

## Kochen mit Kräutern

Von Barbara Rias-Bucher
160 Seiten, 151 Rezepte, 32 Farbzeichnungen, 20 Farbfotos

## Brigitte Grünpflanzen

Von Erika Markmann
176 Seiten, 75 Farb- und 67 s/w-Zeichnungen

## Brigitte Gartenbuch

von Erika Markmann
160 Seiten, 29 Farbfotos, 60 s/w-Zeichnungen

## Brigitte Balkonbuch

Von Erika Markmann
176 Seiten, über 90 Farbfotos und Zeichnungen

## Brigitte Handarbeiten fürs Baby

von Kathrin Behrens und Ariane Heyduck, 160 Seiten, 70 Modelle, 51 Farbfotos, 99 Zeichnungen, Beilagebogen

## Brigitte Kindersachen Nr. 2 – selbstgemacht

(für Kinder von 6 bis 11 Jahren)
Von Gundi Heine und Jutta Barthel, 160 Seiten, 45 Farbfotos, 108 Zeichnungen

## Brigitte Stricken

Ein Grundkurs mit den schönsten schnellen Modellen.
Von Kathrin Behrens und Ariane Heyduck, 160 Seiten, 32 Modelle, 64 Farbfotos, 90 Zeichnungen

## Brigitte Stricken No. 2

Der Aufbaukurs mit neuen Mustern und Modellen.
Von Kathrin Behrens und Ariane Heyduck
176 Seiten, 56 Muster, 34 Modelle, 77 Farbfotos, 90 Zeichnungen, Beilagebogen

## Brigitte Stricken No. 3

Plastische Muster
Von Kathrin Behrens und Ariane Heyduck
160 Seiten, 24 Muster, 30 Modelle, 57 Farbfotos, 96 Zeichnungen

## Brigitte Schönheit

Von Helga Haseltine
226 Seiten, 150 Farbfotos

## wer hat schon flügel

Gedichte von Anne Steinwart
96 Seiten, 10 Fotos

## Den Arm voller Blumen für euch

Gedichte
96 Seiten

## Als Kind mißbraucht

Eine Dokumentation von Angelika Gardiner-Sirtl
Paperback, 224 Seiten

## Mädchen

Von Gerda Bödefeld
Paperback, 264 Seiten

## Gleichberechtigt?

Von Angelika Gardiner-Sirtl
Paperback, 256 Seiten

## Was noch vor der Liebe kommt Empfängnisverhütung

Von Angelika Blume
Paperback, 288 Seiten, 20 Zeichnungen

## Beruf: Sekretärin

Von Monika Held
Paperback, 248 Seiten

## Droge Glücksspiel

Von Ulla Fröhling
Paperback, 288 Seiten

## Die Regel Eine herbeigeredete Krankheit

Von Angelika Blume und Sylvia Schneider
Paperback, 256 Seiten, 8 Zeichnungen

## Strategien für Frauen im Beruf

Von Janice LaRouche und Regina Ryan
Paperback, 325 Seiten

## Wege aus der Depression

von Maggie Scarf
Paperback, 320 Seiten